DUMONT

Andreas Altmann, einer der bekanntesten deutschen Reiseschriftsteller, begibt sich ins Land der unbegrenzten Möglichkeiten. Mit dem legendären Greyhound-Bus fährt er quer durch die USA – von New York über weite Umwege bis San Francisco. Eine Reise voller Abenteuer, voller lustiger, bizarrer, bisweilen unglaublicher Geschichten. »You know what? America is a freak show«, erzählte ihm ein Mitreisender. Und oft trifft diese Aussage den Kern bei Altmanns zahlreichen Begegnungen. Er erzählt von den Wundern und Schrecken eines Landes, das so in keinem Reiseführer zu finden ist.

Andreas Altmann lebt als Auslandsreporter und Reiseschriftsteller in Paris. Bei DuMont erschienen ›Reise durch einen einsamen Kontinent‹ (2007), ›Im Land der Regenbogenschlange‹ (2008), ›Sucht nach Leben‹ (2009) und ›Triffst du Buddha, töte ihn!‹ (2010). Andreas Altmann wurde u.a. mit dem Egon-Erwin-Kisch-Preis, dem Seume-Literaturpreis, dem Welt-entdecker-Preis und dem Reisebuch-Preis ausgezeichnet.

www.andreas-altmann.com

Andreas Altmann

IM LAND DER FREIEN

Mit dem Greyhound durch Amerika

DUMONT

Von Andreas Altmann sind im DuMont Buchverlag außerdem erschienen:
Reise durch einen einsamen Kontinent
Im Land der Regenbogenschlange
Sucht nach Leben
Triffst du Buddha, töte ihn!

Dritte Auflage 2014
DuMont Buchverlag, Köln

Erstmals erschienen 1999 im Rowohlt Taschenbuch Verlag GmbH
Umschlag: Zero, München
Umschlagabbildung: © Theo Allofs/Corbis
Karte von Alexander Urban, Potsdam
Gesetzt aus der DTL-Documenta
Satz: Greiner & Reichel, Köln
Druck und Verarbeitung: CPI books GmbH, Leck
Gedruckt auf säurefreiem und chlorfrei gebleichtem Papier
Printed in Germany
ISBN 978-3-8321-6124-8

www.dumont-buchverlag.de

Für Kathrin, die auf und davon in die Welt will
Für Otto, den Wiener Batzi und Hallodri

Kanada
Vereinigte Staaten von Ar
San Francisco
San José
Big Sur
Los Angeles
Las Vegas
Boulder
Denver
Santa Fe
Mexiko
Nuevo La

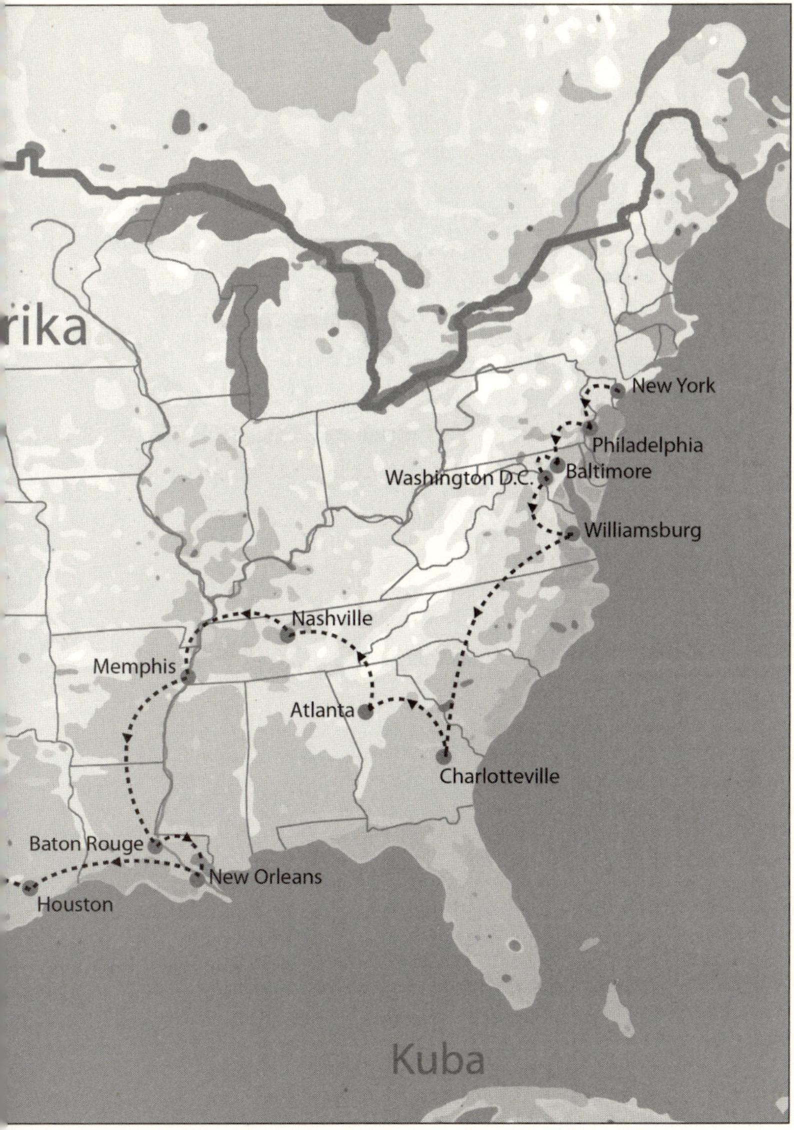
rika
New York
Philadelphia
Baltimore
Washington D.C.
Williamsburg
Nashville
Memphis
Atlanta
Charlotteville
Baton Rouge
New Orleans
Houston
Kuba

Wir alle haben zwei Leben: Eines, das wir träumen.
Und ein anderes, das uns ins Grab bringt.
Fernando Pessoa

In wilden Schmerz verfallen bei dem Gedanken,
man könnte womöglich eines Tages auch Visitenkarten
oder Höflichkeitsbriefe versenden, heiraten, Kalender kaufen –
oder dieses oder jenes andere Leben annehmen.
Alain Fournier

Ich lache, um das Lebensgeschäft in meinem Körper
zu befördern. Und weil es mich heilsam schüttelt.
Immanuel Kant

ATLANTIK

Flug über Grönland. Ich sitze Gangseite. Als ich den Kopf nach rechts drehe, landet mein Gesicht im Hintern eines Dicken. Um einem zweiten Dicken auszuweichen, war der erste dicke Hintern – siehe enge Serpentinen im Hochgebirge – ganz offensichtlich auf der Suche nach einer Ausweichstelle.

Das ist ein zauberhafter Anfang für eine Reise durch die Vereinigten Staaten von Amerika. Blitzartig und grinsend ziehe ich meine Nase zurück. Andere grinsen auch. Sofort wissen wir, wo wir in ein paar Stunden ankommen werden: in Amerika, dem Land, in dem laut Statistik über eine Milliarde Kilo Speckschwarten zuviel existieren. Ich stelle meine Augen auf Weitwinkel um. Nur so, will ich mir einbilden, darf man sich diesem Kontinent nähern. Längst habe ich begriffen, dass Dünne auf einer so riesigen Fläche nichts verloren haben. Hier tragen sie XXL, nur sie passen.

Mein Nasenstupser in einen heftig gespannten Hosenboden macht mich wach. Sekunden später erinnere ich mich eines lautlosen, überwältigenden Vorfalls in der Zona Rosa, einem Stadtteil von Mexico City. Der Ort liegt dreitausend Meilen von unserem Zielflughafen JFK entfernt. Und dennoch, das dortige Erlebnis war der jetzigen Situation so ähnlich. Ich verließ eine Bank und trat hinaus auf die Calle Hamburgo. Wo normalerweise geräuschvoller Betrieb herrscht, war es seltsam still, ja heilig still. Männer und Frauen eilten aus ihren Läden und blieben mit offenem Mund davor stehen. Der Grund ihres maßlosen Erstaunens war unübersehbar: Eine junge, leicht bekleidete Frau mit knapp sitzenden Shorts, Fotoapparat und Beinen aus einer anderen Welt promenierte an ihnen vorbei. Ich mag mich verschätzen, aber allein ihr Unterleib brachte es auf hundertfünfzig Kilo. Ihr

Fleisch schwabbelte, es war zu kraftlos, zu degeneriert, um noch irgendeine Konsistenz aufzuweisen. Speckringe kringelten sich in zweifacher Ausführung um ihre Fußgelenke. Unbekümmert unterhielt sie sich mit ihrem Begleiter. Sie sprach Englisch mit amerikanischem Akzent.

Nicht die drei Zentner nacktes Fett machten uns sprachlos. Es war die Nonchalance, die Mühelosigkeit, mit der dieser Mensch sein Schwergewicht vor aller Welt ausbreitete. Ich glaube, wir bewunderten beide: sie, die Frau, und sie, die Amerikaner. Seliges Volk, einziges Volk wohl, das sich so aufzutreten traut. Was für betuliche Bedenkenträger wir übrigen Nicht-Amerikaner sind. Wer von uns würde wagen, zweihundert bare Pfund Oberschenkel in hautenge Hot Pants zu zwängen und damit beschwingt spazieren zu gehen? Derlei auseinanderquellende Mitmenschen würden in Europa in einer Intensivstation versteckt werden oder als Zirkusnummer durch die Provinz tingeln.

Neben mir sitzt Ajit, ein schmaler Afghane, der nun Gemüse in Brooklyn verkauft. Als der Dicke sich in mein Gesicht drückte, lächelte er verschämt. Jetzt, eine halbe Stunde später, sagt er wie als Entschuldigung für seine heitere Schadenfreude: »*You know what? America is a freak show.*« Das ist ein schlauer Satz, gerade dann, wenn man das Wort »*freak*« in seiner ursprünglichen Bedeutung versteht: Anomalie. Ein *freak of nature* ist eine Laune der Natur. Lauter Launen der Natur, lauter freakige, monströse Widersprüche, die bis jetzt noch jeden Europäer überforderten. Wer hier durchreist, macht eine Bestandsaufnahme. Vom Fassen der Ungetümer keine Spur.

Nehmen wir die 1,2 Milliarden Kilo Menschenspeck. Ich ging in Paris an Bord mit einem gerade erschienenen Buch der amerikanischen Autorin Joan Jacob Brumberg. Titel: *The Body Project*. Darin beschreibt sie den zähen Kampf amerikanischer Teenager, noch magersüchtiger, noch spindeldürrer aufzutreten als alle anderen Spindeldürren. Das Bodybuilding-Studio als Büßerzelle, der Körper als Schlachtfeld, die Seele als ein Hort gnadenloser Selbstjustiz: Ich bin nicht schlank, also bin ich nichts. Nebenbei wird das Land von Cindy Crawfords *Forever slim*-Videos überschwemmt, scheint ein gewaltiger Prozentsatz von Männern und Frauen besessen von Kim-Basinger-Brüsten, lassen sich Millionen Dickhäuter von einer Pharmaindustrie terrorisieren, die auch Todesfälle nicht aufhalten, den Markt mit gesundheitsruinösen Abmagerungs-Tabletten zu versorgen.

Nach dem Ende des Films im Bordkino fällt mir zum ersten Mal auf, dass in amerikanischen Filmen kaum Dicke vorkommen. Klar: Die schönen Schlanken spielen und die Dicken schauen zu.

Bewundernswertes Amerika. Alle Widersprüche scheint es zu schlucken. Denn hier gedeiht das so unbezahlbare Talent, mit dem zufrieden zu sein, was aus einem – irgendwann, irgendwann nach der letzten Diät – geworden ist.

So begreife ich diese Reise durch die Staaten auch als Therapie. Empfehlenswert für alle wie mich, die für die immer vergebende Liebe dem eigenen Leib gegenüber nie begabt genug waren. Die Dicken machen Mut. Ich bin dünn. Als Zwölfjähriger war ich so abgezehrt, dass man mir riet, beim Baden nicht den Besen zu vergessen: als Paravent für mein besendünnes Knochengerüst. Einmal brachten Freunde einen Topf Leuchtfarbe mit. Sie wieherten vor Vergnügen. Ich solle mich damit anstreichen. So bestünde keine Gefahr, dass andere Badegäste versehentlich in mich hineinrennen. So unsichtbar spitz und mager kam ich daher. Sehnsüchtig fing ich an, auf Dicke zu blicken. Sie hatten alles, was mir fehlte: die Schwere und das Leichte.

Ruhiger Anflug auf New York. Sarkastisch, wie so viele Abendländer, sehe ich zuallererst den Grünspan auf der Freiheitsstatue.

Ajit sagt: »Wie schön.« Seit drei Jahren lebt er hier. Nicht mehr im Kugelhagel sein Brot verdienen zu müssen, das muss schön und gut sein. So hat er jetzt Zeit und träumt den amerikanischen Traum. Den Traum, es vom Tellerwäscher, der in einer von Kakerlaken und Ratten verseuchten Küche das grindige Geschirr spült, zum rasanten Leben eines millionenschweren Hotelbesitzers zu bringen.

Habe ich Ajits rudimentäres Englisch richtig verstanden, so liegt in der Nähe seines zweirädrigen Gemüsekarrens eine Filiale der A&P-Lebensmittelkette. Ein Milliardenunternehmen, das von A wie Atlantik bis P wie Pazifik den nordamerikanischen Markt mit Supermärkten überzieht. Irgendwo in dieser Größenordnung scheint auch Ajits amerikanischer Traum angesiedelt. Er sagt den wunderbar blöden Satz, den er gleich bei seiner Ankunft auswendig gelernt hat: »*Winning isn't the most important thing, it's the only.*«

Solide, geniale Hirnwäsche. Lustig, wohltuend und vielversprechend. Weil sie bravourös ablenkt und somit kaum einer auf die Idee kommt, von der amerikanischen Realität zu träumen. Sie ist weit weg vom Traum, so weit weg wie das Salär des A&P-Vorstandsvorsitzenden vom Dritte-Welt-Lohn der 30 Millionen, die mit *McJobs* ihr Dasein fristen. Das sind all diejenigen »Berufe«, die eine Lehrzeit von fünf Minuten verlangen und – wenn sich der Arbeitgeber an das Gesetz hält – mit knapp über fünf Dollar pro Stunde entlohnt werden. Die Tätigkeiten sind so grausam fad wie die Produkte der Firma McDonald's, die als Namensgeber für die *McJobs* verantwortlich zeichnet.

Amerikaner sind Träumer. Und jeder andere Neuankömmling, der dieses Land betritt, träumt mit. Und trotzig halten sie daran fest. Die Verbissenheit ist in der Verfassung verankert, jeder hat das Recht auf die Jagd nach Glück. So aberwitzig anders die Wirklichkeit auch sein mag, vom Zusammenspinnen riesiger Dollarhaufen wollen sie nicht lassen. Die Einbildung als Placebo. So unverwüstlich wie der liebe Gott und die Trompeten von Jericho.

Siehe Jeremy. Irgendwann nach Grönland waren der Dicke und ich in der Warteschlange vor den Toiletten miteinander ins Gespräch gekommen. Jeremy zeigte sich als sensibler Mensch. Er erinnerte sich an meine im Weg stehende Nase und an die Tatsache, dass er sie mit seinem Hinterteil kurzerhand aus dem Weg geräumt hatte. Er fragte mich freundlich, warum ich nach Amerika käme. Und ich antwortete wahrheitsgemäß: Um durch sein Land zu reisen. Das gefiel ihm: »*If you have a big dream, go for it.*« Auch er sei augenblicklich hinter seinem großen Traum her. In einem Nest in Ohio baue er gerade eine eigene Fernsehstation auf. Hundertvierzehn Kanäle können die Einwohner bereits empfangen. Warum nicht hundertfünfzehn?

Was lernen wir aus Jeremys großem, großem Traum? Dass alle träumen. Auch die nimmermüden Popcornfresser auf ihren Sofas, auch die Mutter, die heute in den *USA Today* steht, weil sie ihre cracksüchtige Tochter über den Haufen schoss. Als die Polizei eintraf, stammelte sie überwältigt: »*We were winners. We had a house, we had a car, we had an American Express Card.*«

Dass in diesem Land ein paar Dutzend Millionen Träume pro Tag abstürzen und dass ein paar Millionen die Abstürze nicht mehr ertragen, da sie die Diskrepanz zwischen Kopfgeburt und tatsächlichem Leben schlichtweg überfordert, sie also nie *winners* werden, also immer *losers* bleiben. Und sich folglich zudröhnen oder zur handlichen Smith & Wesson greifen: All das mindert um nichts meine Faszination für Amerika. Träume haben mich seit je gelangweilt. Nichts scheint sensationeller als geplatzte Illusionen und die dahinter verborgene Wirklichkeit.

Ajit gab das Stichwort: Amerika als Monstrositätenkabinett. »*Think big*«, das ist das Lieblingsmantra des *homo americanus*, das Codewort eines außer Rand und Band geratenen Größenwahns. Was nicht *big* ist, hat keine Existenzberechtigung.

Schon bei der Sprache fängt es an. Kommt kein einziger Superlativ in einem Hauptsatz vor, stimmt die ganze Konstruktion nicht. Ein rekordloser Satz ist ein sinnloser Satz. Das amerikanische Hirn reagiert nicht auf Nebensätze. So zögerte der Sprecher der Fernsehnachrichten an Bord einen Augenblick, als der Filmbericht eines Pferderennens eingespielt worden war, bei dem mehrere Traber kollidierten. Die Tatsache, dass sich dabei ein paar Jockeys die Schädel eingerannt hatten, war nicht der Grund der Besorgnis. Erst als ihm aus dem Off signalisiert wurde, dass »es sich um den drittgrößten Reiterunfall der letzten zwei Jahre handelt«, entspannten sich seine Züge. Die Meldung stimmte jetzt, ein Superlativ war gefunden, die Gefahr, dass die Zuschauer schon zur Konkurrenz rüberzappten, um dort eine Sensation verpasst zu bekommen, schien für die nächsten Minuten gebannt.

Um nicht falsch verstanden zu werden: Nichts fürchterlich Mörderisches muss vorkommen, um die amerikanische Psyche zu bewegen. Auch die Bekanntmachung eines Fliegenschisses tut es. Sagen wir, die Veröffentlichung des Vorschusses, den Joan Collins für die Niederlegung ihrer Memoiren von ihrem Verleger erhalten hat. Die Memoiren sind ein Fliegenschiss. Ihr Stil ist ein Fliegenschiss. Nur der Vorschuss ist weltrekordverdächtig, also muss er an die Öffentlichkeit.

Man darf den Amerikanern alles vorwerfen, nur nicht den Mangel an Unterhaltungswert. Wer durch die Staaten zieht, ohne regelmäßig von Lachkrämpfen traktiert zu werden, dem ist nicht zu helfen. Weinerliche Reiseberichte über Nordamerika, geschrieben von ununterbrochen beleidigten Europäern, gibt es schon genug. Ich habe mir geschworen, mich zu amüsieren. Das wird nicht immer gelingen. Das Heitere wird mich verlassen und ich werde, zerknittert von zuviel Geschmacklosigkeit, anfangen zu schluchzen. Aufrufe zur guten Laune sind eben genauso erfolgreich und flüchtig wie Ermahnungen zur Menschenliebe. Ich weiß es genau: Humor und Wärme werden mich gelegentlich im Stich lassen. Besonders dann, wenn sich die Begegnungen mit den Inhabern vakuumverpackter Kleinhirne häufen. Jeremy sprach es schonungslos aus: »*Too many braindead people in Ohio.*«

Nach diesem Satz habe ich zum ersten Mal in diesem Land schallend gelacht, wenn auch noch Meilen über ihm. Denn Jeremy erzählte von der kleinen Bürgerinitiative in seiner Heimatstadt, die ihm das Leben beim Installieren seines 115. Fernsehkanals schwer mache. Die Hirntoten hätten noch immer nicht begriffen, »dass Vielfalt alles ist«.

Es knallt. Hart schlägt das Fahrwerk der Boeing 767 auf der Piste auf. Heute flog der Copilot nach New York.

IN NEW YORK

Max Frisch fragte einst: »Warum reisen wir? Auch dies, damit wir Menschen begegnen, die nicht meinen, dass sie uns kennen ein für allemal. Damit wir noch einmal erfahren, was uns in diesem Leben möglich ist. Es ist ohnehin schon wenig genug.«

Im achten Stock einer großen Bank, mitten in Manhattan, habe ich eine Verabredung mit Masazumi Nakayama. Vor Jahren studierten wir gemeinsam an der New York University. Jedes Mal, wenn wir uns treffen, hat er meine Schwachstellen wieder vergessen. Bei ihm bin ich neu, er ist gnadenlos japanisch, schlachtet mich sofort mit seiner Großzügigkeit, lässt keinen Augenblick ungenutzt, damit ich das Konto meiner Schuldgefühle ein weiteres Mal überziehe.

Der Vierundvierzigjährige hat einen erstaunlichen Lebenslauf hinter sich. Für ostasiatische Verhältnisse – Stichwort Familienbande und Tradition – geradezu revolutionär. Im Jahr 1982 heiratete er auf Hawaii. Die Eltern blieben fern. Die Schwiegertochter tauge nichts, sagte der Vater, sie habe nichts zu bieten. Masazumi – Freunde dürfen ihn »*pumpkin*« nennen, so kürbisrund ist sein Gesicht – verließ Nagasaki. Allein die physische Nähe des Vaters deprimierte ihn.

Ein paar Monate später brach der nackte Hass aus, kälteste Zeiten nahten: Masazumis Mutter starb, der Vater verbot Masazumis Frau, an der Beerdigung teilzunehmen. Sie stellte Masazumi vor die Alternative: Ich oder die Tote. Masazumi konnte sich ein weiteres Leben nicht vorstellen, ohne beim Begräbnis seiner Mutter anwesend zu sein. Seine Frau verließ ihn. Masazumi saß einen Tag lang heulend neben dem kleinen toten Körper. Er heulte aus mehreren Gründen, nicht zuletzt aus Verachtung für den gnadenlosen Vater.

Im Sommer 1986 bot ihm die Citibank an, in New York zu arbeiten. So kam er nach Amerika. Der Tod seines Vaters, auf den er so lange gewartet hat, interessiert ihn heute nicht mehr. Sein Hass ist müde geworden und der Einsicht gewichen, dass manchen Vätern und Söhnen nicht zu helfen ist.

Natürlich hat Masazumi Zeit für mich, auch während der Geschäftszeiten. In den letzten elf Jahren ist er bis zum *Vice-President* seines Geschäftsbereichs aufgestiegen. Er kümmert sich um die japanische Klientel in den Staaten. Er reist viel und muss jedem Gesprächspartner erfolgreich einreden, dass seine Bank mehr Profit abwirft als die Konkurrenz. Sein Soll für dieses Geschäftsjahr – schlanke 25 Millionen Dollar – haben seine Kunden der Bank bereits überlassen.

»*Greed is good*«, zitiert Masazumi ironisch den Wall-Street-King vergangener Tage, Michael Milken, der im Gefängnis landete und der als bescheidener Mensch die Zelle verließ, um von nun an kleinlaut als Sozialarbeiter mit Vollbart seinen Unterhalt zu verdienen.

»Was ist Glück?« wurde Freud einmal gefragt. Und der damals Dreiundsiebzigjährige antwortete: »Sich einen Kindertraum erfüllen.« Inzwischen weiß auch Masazumi, dass Geldscheffeln kein Kindertraum ist. Die Aussicht, noch zwanzig Jahre lang je 25 Millionen heranschaffen zu müssen, erschreckt ihn. Seit langem muss er die tägliche Angst loswerden, dass ein noch Gerissenerer als er auftaucht, dass es zu viele Banken geben wird, dass die Gegner noch weniger Schlaf brauchen als er selber.

Wir gehen in den *Dealing Room* seiner Bank, er als Vizepräsident darf einen Wildfremden mitbringen. Das ist der Raum, wo gehandelt wird: Aktien, Warengeschäfte, Obligationen. Zweihundert Männer und Frauen vor Hunderten von Bildschirmen, ihre hungrigen Augen pausenlos auf der Suche nach einem Deal. Masazumi stellt mich ein paar seiner Kollegen vor. Das ist glatte Wirtschaftssabotage. Denn die wollen höflich sein und können nicht. So schauen sie in mein Gesicht und schielen gleichzeitig auf den Bildschirm, der unschätzbar hinreißender ist als ein Typ, der keinen Deal verspricht. Denn Sekunden entscheiden hier über Gewinn und Verlust, und der Schauder, diese Momente zu verpassen, peitscht sie zurück an ihre Schreibtische.

Ich vermute, dass sich Masazumi in meiner Nähe wohlfühlt.

Jemand, der keine Ahnung von Geld hat, versetzt ihn sicherlich in einen Zustand tiefster Entspannung. Zudem sind Ahnungslose wie ich ein dankbares Publikum. Sie holen noch Luft und staunen, wenn sie etwas erzählt bekommen, wo Insider nur blasiert mit dem Kopf nicken.

Wir überqueren die Madison Avenue, auf der gegenüberliegenden Seite steht die St. Peter's Church, seltsam geduckt unter einem anderen Wolkenkratzer, der ebenfalls zur Citibank gehört. Im Erdgeschoss gibt es ein hübsches Café, unser Ziel. Neben der Kirche steht ein kaputter Alter, an seinem Gürtel hängt ein Bauchladen voller Bleistifte, händeringend ruft er der vorbeiflutenden Welt zu: »*For the grace of god buy a pencil.*« Ich kaufe einen Bleistift für Masazumi und er beschenkt mich dafür mit einer umwerfenden Geschichte: Bevor die Bank zu bauen anfing, kaufte sie die bereits existierenden Häuser auf. Um sie abreißen zu lassen und Platz zu machen für den Neubau. Nur die Besitzer der Kirche wollten nicht verkaufen. Also kam es zu einer echt amerikanischen Lösung: Die Herren Pfarrer verkauften den »Luftraum« oberhalb der niedrigen Kirche. So steht das Kirchlein jetzt unter dem Teil eines Wolkenkratzers, der erst in 15 Meter Höhe beginnt.

Das ist so eine Story, über die Naive hinterher noch tagelang kichern, von dem Raffinement gerührt, mit dem sie hier wachen Geschäftssinn, das Rentabilitätsprinzip und die Sorge um ihr Seelenheil unter einen Hut bringen. Der Herrgott im Schatten des einzig sichtbaren Gottes, des Geldes: Das ist ein kleiner Geniestreich. Bert Brecht fällt mir ein, erschöpft vermerkte er während seiner Exiljahre in Santa Monica: »Hinter jedem Baum vermutete ich ein Preisschild.« Armer B.B., für seine Phantasmen vom alles versöhnenden Sozialismus war Amerika wahrhaftig der höllischste Platz, den er sich aussuchen konnte.

Wir fahren ins *Hunmura*, ein Restaurant im Süden Manhattans, das feine japanische Küche bietet. Ich weiß bereits im Taxi, dass Masazumi sein Ehrenwort brechen und mich nicht zahlen lassen wird. Aber ich kenne noch nicht den Grund, den er diesmal erfinden wird. Zwei Stunden später stellt sich heraus: Er sei hier bekannt, lauter Japaner, und er verlöre für immer sein Gesicht, wenn er sich von einem Nicht-Japaner einladen ließe.

Der Westen hat Spuren in ihm hinterlassen. Nicht asiatisch scheu, mit Mut zieht er Bilanz, spricht genau das aus, was er seit Jahren fühlt. Ich weiß, dass er wieder geheiratet hat. Amanda, eine Kolumbianerin. »*A good wife*«, sagt er und fängt an, von seiner Mutlosigkeit zu erzählen: »Wer viel riskiert, der wird viel gewinnen oder viel verlieren. Ein banaler Satz. An der Börse ist das nicht anders als im ganz normalen Leben. Deshalb entscheiden sich so viele für die Ehe, sie ist kein wirkliches Risiko. Deshalb wirft sie am AQ – dem Abenteuer-Quotienten – gemessen, so wenig ab. Schützt aber gleichzeitig vor den Abgründen der Freiheit. ›Freiheit ist ein harter Lehrmeister.‹ Der Satz ist fürchterlich wahr. Zu hart für die meisten, also entspricht die Temperatur ihres Lebens der ihrer Bereitschaft zum Risiko: lauwarm. Mein Leben ist lauwarm.«

Mit großer Seelenruhe zieht Masazumi die Bilanz seiner eigenen Existenz. Ohne geschwätzige Eitelkeit, ohne Bitte um Verständnis, ohne mildernde Umstände, wie auswendig gelernt beichtet er. »Jeder erfindet sich eine Geschichte«, schreibt Max Frisch, »und die hält er dann für sein Leben.« Bei Masazumi ist es umgekehrt: Er erfindet nichts, er findet nichts Gutes in seiner erfolgreichen Karriere, spürt nur Scham über den Verlust seiner Träume. Die einmal so weit weg waren von der Realität eines Mannes, der jedes Jahr zwölf Monate Zeit hat, um 25 Millionen Umsatz anzuhäufen. Das zuzugeben ist tapfer, sehr tapfer.

Himmlisch sakeblau steigen wir in den *Limousine Service*, den das Restaurant für uns bestellt hat. Masazumi scheint jetzt unbetrübt. Die Beichte war wichtig, *the file is closed*. Der Ekel über das amerikanische *rat race* wird weiter an ihm nagen. Reden wird er nicht mehr davon. Ob er über die Kraft verfügt, zu seinen Träumen zurückzukehren, wird er allein entscheiden müssen, mutterseelenallein. »*If you have a goal, you have a problem*«, sagt er zum Abschied. Nun scheint er auf der Suche nach anderen Zielen, nach anderen Problemen. Sinnlicheren, sinnenfroheren.

Norman Mailer notierte einmal begeistert: »Wer nach New York kommt, sieht zuerst einmal nur Frauen. Und was für Frauen.« Das hat der Meister mit der höheren Arroganz derjenigen verkündet, die irgendwann für immer hier leben. Wie recht er hat. Denn so viele Geradegewachsene, so viele große Elegante treten in der Provinz nicht auf. Sie wandern aus, hierher. Die Stadt hat ein Auge für Pracht, schmeichelt den Eitlen, versorgt jeden mit Arbeit, der bereit ist, sein Schönsein als Ware auszubeuten.

Vor Jahren wurde ein Witzbold bekannt, der am Holland Tunnel ein Schild mit der Aufschrift »*America*« installierte. Es zeigte Richtung New Jersey, Richtung Westen, Richtung Trostlosigkeit und müdes Leben. Jeder darf New York verfluchen. Aber an Öde und Mangel an Aufregungen wird hier keiner zugrunde gehen.

Mir bleiben zwei Tage in Manhattan und ich habe mir im Flughafenbus schon geschworen, die Schönen nicht anzuschauen. Andere kennen die Namen der Sterne, ich kenne die Namen der Einsamkeiten: Weil ihnen die Augen bluten vom Hinsehen auf begehrenswerte Gesichter, die sie nie kennenlernen werden. Weil die Zeit fehlt, weil die Frau von einem anderen Mann begeistert ist, weil irgendwo ein Abfahrtsignal schrillt, das man nicht versäumen darf.

Zudem leben wir in den *snoring nineties*. Es gab einmal die *roaring twenties* und die *wild seventies*. Das ist lange her. Sex gilt heute als eher unnütz, als gefährlich sowieso, sich ausziehen und loslegen als Zeitverschwendung, als eher lästige Unterbrechung beim Einsammeln von Geld. Einer Umfrage zufolge geschlechtsverkehren Männer und Frauen in diesem Land achtzehn Minuten lang miteinander. Pro Woche. Nicht, dass sie es übertreiben. Aber immerhin glatte siebenundsiebzig Sekunden alle zwölf Stunden.

Die *New York Times* berichtet von einer Auktion, bei der Plakate und andere Memorabilien, die an den *Summer of Love* 1967 erinnern, zu fetten Preisen versteigert wurden. Heute erinnern wir uns an fröhlichen Sex und bezahlen sogar für diese Erinnerungen. Hirnsex scheint verführerischer als die tatsächliche nackte Menschenhaut. Immer mehr erregen sich, heißt es an anderer Stelle, am Cybersex im Internet. Unergründliches Männerherz: verruckelte Bilder von unverschämt falsch stöhnenden Damen als willkommene Alternative zu dem, was die Japaner »*homban*« – *the real thing* – nennen?

Als ich die Park Avenue hinunterschlendere, höre ich über mein Walkman-Radio einen spanischsprachigen Sender. »*¿Como superar la masturbación?*« heißt der Beitrag der Stunde: »Wie besiege ich die Selbstbefriedigung?« So weit sind wir schon, sogar das Onanieren wollen sie abschaffen. Trotzdem, so ein Titel wärmt den einsamen Reisenden. Er verführt zum Grinsen und gibt Einblicke, in welch dunkle Gassen sich die *sexual correctness* inzwischen schon verrannt hat.

Dass sich nun auch die Mexikaner zu solch moralinsauren Ausritten hinreißen lassen, beweist das dringliche Bedürfnis Amerikas nach umgreifender Sauberkeit. Ich ertappe mich dabei, für Sekunden über eine Lösung – die Abschaffung des heiligen Onan – nachzudenken: Was könnte man mir und allen anderen

Aufgewühlten mit auf den Weg geben, um uns die Versuchung auszureden? Um uns – »*hacia las manos de Jesu Cristo*« – zu den Händen von Christus hinzuführen. Das ist das Schönste an den moralisch so Erregten: ihre unfreiwillige Komik, der Wortwitz, den sie so begabt-naiv in ihren Entrüstungen unterbringen.

Ich biege ab in die Fifth Avenue. Die Stadt, so zeigen die Zahlen, ist friedlicher geworden. Bürgermeister Rudolph Giuliani gilt als Aufräumer. Andere Bürgermeister reisen an, um bei ihm zu lernen. Auch sie wollen aufräumen wie er. Das heißt nie, das Problem zu lösen. Das heißt immer: mehr Polizei und mehr Macht für die Polizei.

Ein paar warten immer noch darauf, weggeräumt zu werden. Ein sinnloses Unterfangen. New York wird sie behalten, auch auf der teuersten Straße der Welt: die Treppenhocker und lauthals Verzweifelten, die Abfallwühler und Mondsüchtigen, die Tagundnacht-Schlurfer und Zigarettenstummel-Endverbraucher, die Ganzkörperverschorften und auf alle Zukunft Abgemeldeten. Sie werden übrigbleiben bis zum Jüngsten Tag, werden die Schönen, die Effizienten, die vom Konsum Gezeichneten daran erinnern, dass sie, die anderen, noch immer da sind.

Kein *war on hunger*, kein *war on poverty* – schon Nixon hat diese Kriege angezettelt und verloren – wird sie verschwinden lassen. Einer rennt mit nach oben gestrecktem Pappdeckel an mir vorbei, schreit, was er schon schriftlich niedergelegt hat: »*The end is at hand.*« Das passt, denn neben dem nagelneuen *Armani Exchange* liegt einer mit saftigen Karzinombeulen, bedeckt mit einem Stück Papier, auf dem es jeder lesen kann: »*Homeless with Aids*«. Was kommt danach? Was kann noch fürchterlicher klingen, als keine eigenen zehn trockenen Quadratmeter zu haben und von einer tödlichen Krankheit weggerafft zu werden?

Ich flüchte in den nächsten Barnes&Noble-Buchladen. Will

schauen, lesen und die Verlierer vergessen. Und habe kein Glück. Wie vom Teufel dirigiert, stoße ich auf eine deutsch-englische Ausgabe mit den Gedichten von Paul Celan. Der ist der letzte, der einen jetzt aufrichtet. Aber Celan meistert die Sprache mit so berührender Wucht, dass auch seine unseligsten Gedichte überwältigen mit erbarmungsloser Schönheit. Man weiß nie, was bei ihm tiefer geht: die Freude über seine Wörter oder der Schmerz über die grauenhaften Dinge, die er hinschreibt:

Käme
Käme ein Mensch
Käme ein Mensch zur Welt, heute,
mit
dem Lichtbart der
Patriarchen: er dürfte,
spräche er von dieser
Zeit, er
dürfte
nur lallen und lallen,
immer-, immer-
zuzu.
(Pallaksch, Pallaksch)

ABSCHIED VON NEW YORK

Am nächsten Morgen verlasse ich meine kleine Pension in der Nähe der Columbus University, Westside, ein paar Blocks von Harlem entfernt. Ich suche Zeitungen und ein Café. Als ich die Dicke vor einem Geldautomaten auf der Straße liegen sehe, weiß ich Bescheid. Eine solche Stellung in dieser Gegend ist eindeutig. Im selben Augenblick denke ich an den so rührigen Bürgermeister. Unübersehbar, ein paar Ganoven laufen noch frei herum in seiner Stadt.

»*He's got the money*«, schreit mir ein Passant zu. »*He*« ist nicht der Bürgermeister, sondern der Ganove, der die Dicke ansprang, ihr das soeben gezogene Geld entriss und – schon ein Häusereck weiter – im gestreckten Galopp das Weite suchte. Wir zwei wetzen hinterher. Ein dritter Passant, informiert von unseren Notrufen und dem Langfinger ganz nahe, stellt sich dem Dieb in den Weg. Tollkühn und vergebens. Denn die Fliehkraft des Flüchtigen ist rasanter als die Standfestigkeit des Tollkühnen. Auch der ist dick, aber nicht dick genug, um jetzt nicht gemeinsam mit dem augenblicklichen Geldbesitzer auf dem Trottoir zu landen. Nun liegt ein zweiter dicker Mensch am Boden. Der Dünne, unverdrossen mit einer Hand die Dollarnoten umklammernd, schnellt nach oben und läuft – von zwei Vollbremsungen begleitet – über den Broadway und biegt unaufhaltsam in die 114. Straße ein.

Als wir Sekunden später ankommen, ist niemand mehr zu sehen. Eine Polizeistreife hält jaulend neben uns. Nachdem wir den zwei dicken Bullen – nun sind vier Dicke in den Fall verwickelt – erklärt haben, dass wir die Verfolger sind und nicht die *bad guys*, suchen wir gemeinsam. Nichts. Dann hilft ein Zufall. Ich erinnere mich plötzlich, dass ich gestern in dieser Straße zwei Notizblöcke kaufte. Die banale Erinnerung blieb haften, denn das Schreibwarengeschäft lag in einem Keller, eine gusseiserne Wendeltreppe führte zu ihm hinunter. Ein paar Meter weiter sehe ich jetzt die Treppe, denke noch, das wäre ein gutes Versteck, schaue von oben hinunter, *nobody*, leer und still, das Geschäft noch verschlossen.

Und dann doch. Schon im Abwenden registriere ich eine winzige Bewegung. Der einzige Fehler des Gehetzten. Da seine Haut schwarz war wie das Dunkel, in dem er sich versteckte, hatte ich ihn nicht bemerkt. Warum er aus dem Schutz der Dachrinne trat, hinter der er sich versteckt hatte, ich werde es nie wissen. Ich rufe die beiden Dicken, routinemäßig wird er verfrachtet. Sie verlangen noch meine Adresse für weitere Zeugenaussagen. Ich hinterlasse falsche Angaben.

Beim Frühstück geht es mir schlecht. Ich habe plötzlich Gewissensbisse über meinen Eifer. Ein armer, dünner Kerl mit zerfetzter Hose und sechzig geklauten *bucks*. Geklaut aus den dicken Fingern einer Frau, die sicher das Geld weniger verzweifelt benötigte als er. Ich beschließe, beim nächsten Mal niemanden zu entdecken.

Ich packe, mit der Subway und dem Rucksack geht es zur 42. Straße. Auch die ließ der Bürgermeister abreißen, auch die soll fleckenlos und todsündenfrei werden. Komplette Häuserzeilen ehemaliger Sexshops, Pornokinos und klebriger Hotelzimmer wurden von der Betonbirne zertrümmert. Damit endlich Ruhe ist vor der Wollust, damit Platz wird für unsere wahren Sehnsüchte: Walt Disney Inc. klotzt gerade, riesige Einkaufspassagen wachsen. *Ersatz* – das deutsche Wort ist heute Teil der amerikanischen Sprache – scheint erotischer als das Original.

Zwischen der 6. und 7. Avenue steht ein Mann, den Albert Camus einen Helden des Absurden genannt hätte. »*We sell golden diamonds*«, ruft er den vorbeieilenden Fußgängern zu und versucht gleichzeitig, einen Stoß Waschzettel loszuwerden. Stuart ist Inhaber eines klassischen McJob. Seit sieben Jahren ruft er der Menschheit »*We sell golden diamonds*« zu. Wir reden und ich erfahre, dass er leidet. Das ist ein Fehler. Wer nicht über die Begabung verfügt, seinen IQ zu senken, den wird es jeden Tag acht Stunden lang in den Abgrund einer Depression reißen. Denn er wird nie vergessen können, dass er einmal für etwas anderes auf die Welt kam, als zwischen New Yorks 6. und 7. Avenue »*We sell golden diamonds*« zu blöken.

Da lobe ich mir Reverend Terence Cormack. Keine hundert Meter vor meinem Ziel, dem Port Authority Bus Terminal, hat er mich erwischt: beim Betrachten eines der letzten noch einsehbaren Schaufenster voller Werkzeuge und Apparaturen zur Maximierung der Lust und anderer Schweinigeleien. »*You must be reborn again*«, so donnert er mir mit seinem batteriegepufferten Lautsprecher in den Rücken. Ich drehe mich um und da steht er, einäugig, riesig, goldberingt, drohend und dreizackig lächelnd zugleich. Er gehört zu der attraktivsten Horde von Wahnsinnigen, die diese Stadt für alle Sünder bereithält: den ambulanten Seelsorgern und Freelance-Erlösungspredigern, die jeden in die Hölle fluchen, der sich ihren Erlösungstiraden verweigert. Ich weiß, was es geschlagen hat: Eine Taufe ist fällig. Ohne Wiedergeburt, mitten auf der 42. Straße um Schlag elf morgens, gibt es für mich kein Weiterleben mehr.

Ich nicke ergeben und Cormack fährt ab, legt seine beiden Hände um meinen Kopf, fragt nach meinem Namen (»*Andrew*«) und jagt einen flammenden Monolog ins Mikrofon, mich zwischendrin auffordernd, ihm hinterherzujagen, ihm nachzubeten, was er hinauf in den Himmel schleudert: dass der Herr mich vom Pfad der hemmungslosen Brunst zurückholen und ins »*kingdom of moral embellishment*« heimholen soll, ins Königreich der moralischen Verschönerung. Denn »*Andrew from Paris*« sei bereit, die Niederungen des Fleisches und der Unzucht hinter sich zu lassen. Denn nur ER, nur »Dschissas«, nur ER sei mächtig genug, mich heimzuholen und aus den Armen des satanischen Eros zu erlösen.

Vor Jahren wurde ich schon einmal in Florida getauft und ich weiß, dass am Ende des Sermons der herausforderndste Augenblick auf mich zukommt. Und er kommt auch diesmal. Und auch heute versage ich, kann auch mit heiligmäßiger Selbstbeherrschung nicht zurückhalten, was wie ein Orkan aus mir heraus will: ein Lachkrampf, ein kleiner Veitstanz der schieren Lebensfreude für ein so himmelblödes Spektakel mit »Dschissas«, dem Teufel, Terence und mir in den Hauptrollen.

Erlöst ziehe ich ein paar Dollar für den hungrigen Gottesmann hervor, vergebe mir sogar den morgendlichen Ausrutscher der Denunziation, schultere meinen in der Ecke liegenden Rucksack und erreiche mein Ziel vergnügt und ohne weiteren Zwischenfall. New York hat mich noch nie im Stich gelassen. Auch diesmal nicht. Wiedergeboren und voller Dankbarkeit besteige ich den Bus nach Washington.

IN DEN SÜDEN

Mit meinem Verleger hatte ich vereinbart, ein Buch über eine Reise durch die Vereinigten Staaten zu schreiben. Seinen Vorschlag, mich mittels *Amtrak*, der staatlichen Zuglinie, fortzubewegen, konnte ich ihm erfolgreich ausreden. Das ist ein Fortbewegungsmittel für ordentliche Bürger, Besserverdienende und notorisch verängstigte Nicht-Flieger. Ein Schlafwagen, kein Ort für den schnelleren Herzschlag. Seine Liste der besonderen Vorkommnisse ist geradezu deprimierend anständig.

Bei den *Greyhound Lines* liegt der Fall anders. Ordentliche Bürger treten – ordentlich im Sinne von besessen von Ordnung – in geringerer Zahl auf. Die Schlechterverdienenden sind die Mehrheit und Angst vor dem Fliegen haben sie auch nicht. Nur nicht die passenden Kreditkarten. Die meisten der Greyhound-Kunden gehören so der heimatlosen Minderheit amerikanischer Mitbürger an, die als Versager leben müssen, da sie noch immer nicht im Besitz eines Wagens sind. Sie, die Unmotorisierten, sind die wahrhaften Fußgänger dieses Landes. Ansonsten wird hier ein Mensch zu Fuß als derjenige definiert, der auf dem Weg zu seinem Auto ist.

An der Innenseite der Bustür klebt ein Verkehrsschild, man sieht die Zeichnung eines von einem roten Balken durchgestrichenen Revolvers. Text darunter: »*No guns*«. So sind sie hier, fürsorglich und eindeutig.

Fünf vor zwölf steigt ein letzter Fahrgast zu, leicht verdreckt, ohne Gepäck, nur in der linken Hand eine stabile, scharfglänzende Sichel. Wahrscheinlich ein argloser Tagelöhner auf der Suche nach Arbeit weiter südlich. Der Fahrer entwaffnet ihn freundlich, das besorgniserregende Utensil kommt zur Sicherheitsverwahrung in den Kofferraum. Um zwölf Uhr verlässt der *Americruiser* – mit sechzehn weiten Fensterscheiben für den Blick hinaus – das Port Authority Bus Terminal und biegt ab in Richtung Westen, Richtung Amerika.

Wir erfahren sogleich über Lautsprecher, dass Herumspucken, Gotteslästerung, Sich-Berauschen, ja Rauchen, auch heimlich auf der Toilette, gesetzlich verboten sind. Würde der Fahrer einen von uns dabei erwischen, würde er ihn eigenhändig und auf der Stelle hinausexpedieren. Der Ton ist lässig, nicht ätzend: »*Any questions*?« Einer ruft witzig nach vorne: »Liegen die Gasmasken bereit?« – »Für was?« – »Na, für das Klo. Wenn schon das Rauchen dort verboten ist?«

Helle Lacher, sogar dem Fahrer scheint der Witz neu. Dass der ganz hinten in den Bussen eingebaute *restroom* eine unriechbare Schikane darstellt, die nur mit einer stark qualmenden Zigarette zu überstehen ist, gehört zu den weiteren Unterschieden zwischen Zugfahren und In-einem-Greyhound-Sitzen. Doch das soll nicht zählen, auch das nicht. Als wir in New Jersey ankommen und uns zügig auf die Interstate nach Philadelphia einfädeln, weiß ich wieder, warum ich Autofahren hasse und mich ein starkes physisches Wohlbefinden überkommt, wenn ich – wie augenblicklich – auf zwei Sitzen lümmeln darf und nichts zu tun brauche als zu schauen und zu fühlen. Ich kann in Ruhe mein Hirn sortieren, vorausplanen, nachdenken, lauschen. Ich bin sorglos, ein anderer entscheidet für die nächsten Stunden, ich fühle mich behütet, ich gehöre zum fahrenden Volk. Den Ausdruck mag ich. Das andere Volk ist wohl stehengeblieben.

Ich vermute, das ist ein archaisches Urgefühl. Ich habe ein paar hunderttausend Kilometer meines Lebens in Bussen verbracht und dabei mit großer Regelmäßigkeit die gleichen Freuden erfahren. Am unverzichtbarsten scheint mir dabei das sanfte Schaukeln, es verführt zum Regredieren. Ich werde ganz leichtsinnig, oft jäh und ohne die geringste Provokation von außen lüstern. Das ist mein Kind in mir. Auch Fünfjährige in einer sacht schwingenden Wiege erregen sich. Weil sie sich im Einklang fühlen, weil die Körpersäfte Zeit und Ruhe haben, dorthin zu fließen, wohin sie wollen. Der Bus als Riesenvibrator.

Und er dient als Beichtstuhl. Mit mir als Beichtvater und den seltsamen Vögeln, die der Zufall neben mich verschlägt: Wir lassen uns für eine bestimmte Weile gehen, haben Muße füreinander, ich darf zuhören, sie teilen. Gerade nachts, wenn die Dunkelheit das Gesicht der Beichtenden verschluckt.

So soll eine Hymne folgen auf einen gewissen Carl Eric Wickman. Der umtriebige Mensch wurde berühmt als Gründer des Busunternehmens, das heute mit 2400 Stationen und 18000 Anfahrten und Abreisen pro Tag als das größte der Welt gilt.

Als neugieriger Sechzehnjähriger verließ er Schweden und kam über Umwege nach Hibbling, ein Kaff in Minnesota, nicht weit von der kanadischen Grenze entfernt. Hier war es eisig und vertraut, hier gefiel es Carl. Hibbling blühte, Eisenerz war entdeckt worden, alle rannten herbei, die Schatzgräber, die Nutten, die Alkoholspediteure. Schon 1901 übervölkerten 3000 Einwohner das kleine Nest. In siebzig Saloons wurde gesoffen und gehurt. Auf Holztrottoirs wankte die Kundschaft hinterher nach Hause. Wickman erkannte das dringlichste Problem: keine öffentlichen Fortbewegungsmittel.

Er traf einen anderen Schweden, Andrew Anderson, der mit einem Koffer Heringe ins Land kam. Die beiden montierten ein *hupmobile* – einer motorisierten Postkutsche nicht unähnlich – zu einem Siebensitzer um, zwängten bis zu achtzehn Bergleute hinein und kassierten 15 Cents pro Trip: vom Männerheim zur größten Kneipe. Und wieder zurück: wieder 18 mal 15 Cents.

Damals war Spucken noch erlaubt, die Fenster standen weit offen, die meisten Passagiere – ausschließlich Männer – waren beharrliche Schnupftabak-Liebhaber. Das Unternehmen wurde bald als »*Snoose-Line*« – schwedisch für Schnupftabak – bekannt. Fröhliches In-den-Wind-Spucken und hurtiges Ausweichen all derer, die sich gerade nicht an Bord befanden, gehörten zum Alltag.

Im Laufe der Jahre zivilisierten sich die Zustände, die beiden Einwanderer kauften andere Fuhrunternehmen auf, die Vehikel wurden länger, zwischendurch hießen sie »*The Dachshund*«. Irgendwann sah ein Fahrgast den Bus sich im Schaufenster eines Ladens spiegeln, wobei ihn das verzerrte, schnelle Bild an das elegante Sprinten eines Windhunds erinnerte. Ihm fiel das beste Wort ein, bald hieß die Firma »*Greyhound*«: ein *catch word*, ein Ausdruck, der zieht.

Zu einem der Vergnügen beim Reisen durch die USA gehört Radiohören. Es gibt zwei Sorten von Stationen. Zuerst die privaten, sie fungieren als Anstalten zur sanften Vernichtung menschlicher Hirnzellen. Was um nichts das Vergnügen schmälert, sie bisweilen einzuschalten. Weil immer wieder das Unbegreifliche stattfindet: man nicht fassen will, was sie sich einfallen lassen, um uns mit Informationen von bestialischer Schlichtheit totzuwalzen.

Und es gibt das *Public Radio*: Hier arbeiten sie ohne Werbespots, leisten brisanten Journalismus und müssen nebenbei und ununterbrochen einen Pump anlegen, um die Hörer anzubetteln, ganze 66 Dollar im Jahr zu überweisen, damit sie als Sender überleben können. Der Staat leistet einen finanziellen Beitrag, der nicht mehr als ein dünnes Feigenblatt und eine Schande ist.

Hinter Baltimore bekomme ich den *Christian Money Channel* herein. Privat und christlich. Auch für Ex-Christen wie mich scheint Jack, gerade am Mikrofon, die drängendsten Fragen anzugehen. Thema des heutigen Nachmittags: »Wie kann ich mein Kapital gemäß den Worten des Herrn gewinnbringend anlegen?« Erfreulich, wie fündig Jack beim Durchstöbern der Bibel wurde, um zu beweisen, dass christliches Nutznießen und Abräumen eine lange und reiche Tradition haben. Aber das ist alles nur Vorspiel, Jack hat sein neuestes Buch mitgebracht, er will es uns zum Verkauf anbieten: »*Money before Marriage*«. Prall mit Leitfäden zur vorehelichen Maximierung aller denkbaren Profite. Damit finanzielle Probleme die christliche Ehe nicht bedrängen.

In Washington habe ich nochmals Glück. Wieder Christen, wieder im Besitz von ein paar letzten Wahrheiten. Die *Promise Keepers* sind einmarschiert. Aber wie. Vielleicht eine Million von ihnen liegt gerade bäuchlings auf der Mall, dem drei Kilometer langen Rasenstreifen mitten durch die Hauptstadt. Über achtzig Prozent von ihnen sind weiß, nie unterernährt und den Statistiken zufolge besser ausgebildet als der Durchschnitt der Bevölkerung. Sie wollen Buße tun und in Zukunft sieben Versprechen einhalten, unter anderem: keine Ehefrauen mehr verprügeln und »sexuelle Reinheit« üben. Matt, der zweiunddreißigjährige Programmierer aus Savannah und ebenfalls bäuchlings, gibt mir ein einleuchtendes Beispiel: »Nie wieder Pornos in Hotelzimmern auf Geschäftsreisen anschauen.«

Sensationell, denn der heutige Aufmarsch versammelt mehr Menschen, sprich Männer, als der schwarze »*One Million March*« 1995. Der Chef der *Promise Keepers* begann seinen Feldzug für ein prügelfreies Eheleben in Colorado, wo er 1990 als Held gefeiert wurde, als er eine Universitätscrew zur Meisterschaft führte. Während seiner 32 Jahre als Trainer in nächster Nähe von Footballspielern – über sechzig Prozent von ihnen sind außerstande, fehlerfrei einen einfachen Brief zu schreiben – reifte in Bill McCartney der Wunsch, das Land moralisch aufzurüsten.

Dass seit langem Frauenorganisationen und Feministinnen – also der Menschheitsanteil, den er beschützen will – am heftigsten gegen seine »Soldaten Jesu« aufjaulen, die sich vorgenommen haben, nicht mehr mit dem Faustrecht ihre Rechte durchzusetzen, ist ein wunderbar ironischer Aspekt des Spektakels. Sie halten Bill für einen erzreaktionären Biedermann, der im Schutz uralter Sprüche den Status quo für eine weitere Ewigkeit festschreiben will: Die Ehemänner geben den Ton an, die Ehefrauen stimmen ein.

Bill muss kämpfen. Vor allem gegen seine eigenen Infamien. Viele Jahre lang hat er sich einen Namen gemacht als rabiater Abtreibungsgegner, sein Hass auf Homosexuelle ist sprichwörtlich, seine Fernsehauftritte als strammrechter Christ sind unvergessen.

Dennoch, nur ein einziger Höhepunkt der Hohen Schule der Buße der Dicken wäre ein Ticket nach Washington wert gewesen. Ich bin zum Hinfassen nahe, somit ganz sicher, den ergreifenden Wahnsinn der guten Tat nicht als Schimäre zu erleben. Ajit, der Gemüseverkäufer aus Brooklyn, fällt mir ein: »Amerika ist ein Monstrositätenkabinett.« Und hier sind sie wieder einmal kostenlos angetreten: rundliche Herren in Bermudashorts, »*P.K.*«-bestickten T-Shirts und Baseballkappen über dem rosigen Gesicht, neben muskeldicken, vollbartzugewachsenen und nackentätowierten Motorradfahrern (»*Bikers for GOD*«), die sich schluchzend und gemeinsam mitten in der Welthauptstadt, zwischen der Folger Shakespeare Library und dem George Washington Memorial, ins Gras werfen und nun kniend, liegend oder prosternierend ihre Todsünden – Sauflust, Ehebruch, Vielfresserei, Tobsucht, Hurerei und zügelloses Onanieren – in den blauen, geduldigen Himmel schleudern, angefeuert von Mammutlautsprechern und grellen Leinwänden, die das reuige Männervolk in noch feurigere Tiraden des Heulens und Zähneknirschens peitschen.

Erschöpft wanke ich nach den sechs Stunden Gottesnähe zu meiner Pension. Allein Hinschauen zehrt. Kein sehnlicher Blick auf eine Frau wird mir heute noch gelingen. Lustfrei und voll reinlichster Nebengedanken liege ich bald im Bett. Ich horche, nichts, absolut nichts betört meinen Körper. Schwer beunruhigt über Bills Kriegszug gegen die Freuden des Lebens und heftig verängstigt von Bills leidenschaftlicher Fürsprache für die so schrecklichen Aussichten auf amerikanische Familienwerte, schlafe ich ein: »Herr, mach, dass ich gesund aufwache.«

Nachts träume ich vom *Reflecting Pool*, dem klassisch schönen Wasserbecken, das am westlichen Ende der Mall liegt. Und im Traum sehe ich die vielen Dicken, die sich noch dicker im Wasser spiegeln. Und ich erinnere mich, dass der Pool nach dem Vorbild von Versailles angelegt wurde. Und plötzlich taucht Bill McCartney aus dem Wasser auf und hält ein Schild in die Höhe, auf dem »*le Siècle des Lumières*« steht. So nennen die Franzosen das Jahrhundert der Aufklärung. Lachend renne ich davon, als ob ich sie suchen wollte, jene Zeit, wo Lichter brannten in der Finsternis unaufhörlicher Gewissheiten.

Der Herr ist gut zu mir, am nächsten Morgen finde ich die Kraft, die Stadt zu verlassen. Seit ich Washington kenne, stinkt es vor Langeweile. Dass sie hier die meisten Morde des Landes erledigen, es wundert mich nicht. Irgendwo muss die Wut über so viel Leere und Protz raus. Als ich zum letzten Mal hier war, schien es am harmonischsten auf der Bahnhofstoilette der Union Station. Dort war es ergreifend still, nur das beruhigende Fließen von Wasser, weit weg vom Gedröhn des Blödsinns.

Ich mache noch einen Umweg und gehe zum Arlington Cemetery, auf der anderen Seite des Potomac River. Die 160 Hektar sehen gut aus. Dicke Bäume, hügelige Wiesen, geschmackvolle Gräber. Ich komme am Grab des Unbekannten Soldaten vorbei, im rechten Augenblick, um eine Wachablösung zu beobachten. Nach jeder Stunde wird ein Roboter mit Klobürstenhaarschnitt durch einen anderen Roboter ersetzt.

Das geht so: Der neue Mann taucht auf, hinter ihm der diensthabende Offizier. Als alle drei stillstehen, brüllt der augenblickliche Oberbefehlshaber in Kasernenhoflautstärke eine Rede ins Publikum (siehe Friedhof, siehe friedlich). Wir sind neun Zuschauer und weichen unwillkürlich einen Schritt zurück, so beeindruckt sind wir vom Gebrüll über Ehre und Größe des Vaterlands.

Anschließend die Zeremonie: marschieren, stillstehen, brüllen, jeden Brüller mit einem gequetschten »Hua« als angekommen signalisieren. Höhepunkt: Der Chef tritt vor und inspiziert mit Akribie die neuralgischen Punkte – Haarkürze, Bügelfalte, Schuhglanz und Hosenstall – seiner Untergebenen. Dann in Marschformation zurück, die frische Klobürste ist installiert.

Eine Frechheit, noch im Tod wird den armen Schweinen aufs Grab geschissen. Zu Lebzeiten als Kanonenfutter verheizt und nun eine »Ehrenwache« für die verfeuerten Leichen. Höhnisch.

WILLIAMSBURG

Am Greyhound-Schalter geht es mir wieder besser, entschieden besser. Weil ich mich anstellen muss und dabei freien Blick auf Dotty habe. Meine Reflexe sind zurück, auch der gestrige Crashkurs zur Einführung der Familienwerte in mein Leben scheint spurlos vorübergegangen zu sein. Dotty sieht fabelhaft aus. Sofort ziehe ich sie aus. Sexyer noch als ihr in einem schneeweißen, kurzärmeligen Hemd versteckter Oberkörper strahlt ihr Gesicht. Kein müder Angestelltenteint, kein genervter Kuhblick, dafür schnelle, wache Augen, ein Lachen für die Welt, die schmalen, sinnlichen Hände, mit denen sie die Fahrscheine der Passagiere ausstellt.

Als ich an der Reihe bin, will ich ihr vorschlagen, mit mir ein gemeinsames Zimmer im nahen *Days Inn* zu nehmen. Denn Schmusen und Lieben wäre doch amüsanter, als so dämliche Fragen anhören zu müssen wie: »Wann, bitte, geht der nächste Bus nach Williamsburg?« Aber da ich neben meiner Lust noch zweitausend Jahre christliches Abendland mit mir herumtrage, außerdem Angst haben muss, dass Dotty mich – sie plagen garantiert 300 Jahre feinster amerikanischer Puritanismus – mit einer *Sexual-Harassment*-Klage zur Polizei schickt, schlage ich ihr kein Doppelzimmer vor und stelle nur die dämliche Frage: »Wann, bitte, geht der nächste Bus nach Williamsburg?«

Glück im Unglück, denn fünfzehn Minuten später ist Dotty außer Sichtweite. Mit dem Rucksack und einer frischen Frustbeule steige ich ein, die Tür schließt sich, Dotty strahlt längst wieder einen anderen an. Hinter der Stadtgrenze beginnt das Schaukeln. Ich heile.

Es gibt keinen mitreißenden Grund, nach Williamsburg, der ehemaligen Hauptstadt von Virginia, zu reisen. Aber sie liegt nicht weit ab von meiner Strecke, an deren Ende ich irgendwann auf der anderen Seite des Kontinents, in San Francisco, ankommen will. Von der Ostküste auf einer langgezogenen Kurve im Süden nach Westen, so ungefähr stelle ich mir die Route vor. Einen detaillierteren Plan besitze ich nicht. Ich vertraue meiner Intuition. Und die ernährt sich von den Gerüchten, die ich höre, von den Geschichten, die mir Männer und Frauen erzählen werden, von den Zeitungen und Nachrichten, die ich am Weg finde.

Meiner Erfahrung überließ ich nur eine Entscheidung: dass der Weg zum Pazifik über den Süden führen muss. Denn das ist der abenteuerlichste Teil der Vereinigten Staaten. Die Hitze, die Rednecks, die Gastfreundschaft, die Poesie, die Musik, viele bärenstarke Spinner hat dieser Erdteil schon beherbergt. Die schöne Gefahr, ihnen über den Weg zu laufen, die besteht täglich. Hier kämpfen sie noch, das Land ist noch nicht fertig. Es blutet noch immer als Schlachtfeld zwischen Gut und Böse. Wer im rechten

Augenblick vorbeikommt, der hat die Chance, in die Schluchten heiligen Schwachsinns abzustürzen, so wunderlich bizarr und erheiternd, dass er von diesen Erinnerungen bis ans Ende seiner Tage nicht mehr lassen will.

Williamsburg wird mich nicht enttäuschen. Am späten Abend finde ich eine Unterkunft bei Missis Lewis, die sich rüstig und einsam ein paar Dollar als Zimmerwirtin verdient. Fließendes Wasser, Seife, Handtuch und acht Stück schlaflose Kakerlaken sind im Preis inbegriffen. Das habe ich bis heute nicht verstanden: Die so technisch hochbegabten Amerikaner erfanden Waffen, um zehnmal pro Tag die Menschheit zu nuklearem Restmüll einzuäschern. Aber Bomben gegen ihre paar hundert Millionen Küchenschaben fallen ihnen nicht ein.

Es wird trotzdem ein bemerkenswerter Abend. Weil ich »*Doctor Judy and Jagger*« treffe, auf 96.10 FM. Eine Ärztin und ein sarkastischer Kommentator, die als nächtliche Diskjockeys für einen Radiosender arbeiten, der für das Beste steht, was dieses Land zu bieten hat: Widersprüche, das andere Extrem, ein Bollwerk gegen die Kreuzzüge der Lusttöter und bigotten Dunkelbirnen. Man will zappeln vor Genuss. Die Ansage – »Nur für reife Hörer! Aber möglicherweise hörst du sowieso zu« – stimmt genau.

Anrufer aus allen Ecken des Landes rufen an und packen ihre verstecktesten Geheimnisse aus. Vielleicht ist das der einzige Platz zwischen Himmel und Hölle in Amerika, wo einer oder eine im Schutz der Anonymität aussprechen darf, was jeden von ihnen heimsucht. Ohne dafür bestraft oder hingerichtet zu werden von denen, die festlegen, was normal und gesund ist. Und was nicht.

Es beginnt harmlos. Jerry meldet sich und berichtet, dass er seine neunundsechzigjährige Großmutter beim keuchenden Liebesspiel mit ihrem Boyfriend beobachtet habe. Versehentlich, da er zu früh nach Hause gekommen sei und die Schlafzimmertür offen gestanden habe. Er stehe unter Schock, könne einfach nicht fassen, dass auch Greisinnen noch Geschlechtsteile hätten und sie benutzten.

Jagger – er soll für Entspannung sorgen, entdramatisieren, provozieren – fragt Jerry, ob er gesehen habe, in welcher Position die Omi ins Keuchen schlitterte. Dr. Judy – die Medizinerin übernimmt den seriöseren Teil, fragt nach anderen Details, gibt Ratschläge – sieht nicht das geringste Problem, im Gegenteil, sie gratuliert Jerry zum genetischen Erbe seiner Familie, es sei stark und bejahend, und außerdem: Großmutters Lustseufzer seien ihr simples Menschenrecht. Wäre sie Opfer penetranter Männergewalt geworden, läge der Fall ganz anders. Aber offensichtlich seien beide ganz einverstanden. Bingo: Sex ist sexy und tut jedem Gutes, der ihn bejaht.

Joey aus Iowa – weites Land, einsam gelegene Höfe! – ruft an. Ihn drückt es schwerer. Er habe bemerkt (Joey braucht Zeit, um sich zu sammeln), dass ihn das Quieken seiner Schweine stimuliere. Ob sie wüssten, was er sagen wolle? Judy und Jagger tun, als wüssten sie es nicht. Ob er denn ihren sirenengleichen Lockrufen nachgeben und sie – »*sorry, sorry*« – begatten dürfe. Er habe ein furchtbar schlechtes Gewissen, finde sich säuisch und könne selber nicht fassen, dass derlei Verirrungen über ihn hereingebrochen seien.

Seine Beichte löst zuerst eine Lachsalve im Studio aus. Nicht wegen seiner wilden Lust im Schweinegatter, eher wegen seines sozial korrekten Auftritts, seines Zerknittertseins, das anschaulich demonstriert, wie sehr ihn die Gesellschaft bereits mit ihren Ansichten von Bravsein und Todsünde im Griff hat. Natürlich gebe es kein Problem, solange die Ferkel es genössen und solange es in seine Seele Frieden brächte. »*Go ahead.*« Erlöst legt Joey auf.

Ted berichtet von seinem seltsamen Begehr, das nur dann funktioniere, wenn er das Brausen eines Feuerwehrautos höre. Auf die Hupe könne er im Notfall verzichten, nicht aber auf die blauen Lichter. Sie erinnerten ihn an große, strahlende Brüste. Er müsse also seine Freundin immer zuerst in die Nähe einer Feuerwache schleppen, um erotisch voll einsatzfähig zu sein.

Dr. Judy schlägt Ted einen Desensibilisierungskurs vor, wäre doch der Weg zum Feuerwehrhaus auf Dauer zu aufwändig und zu kostspielig. Er solle sich rote Spielzeugautos kaufen und nachschauen, ob er es schaffe, sich in ihrer Nähe zu betören. Er solle immer weniger dramatische Autos wählen, bis er bei einem ganz normalen angekommen sei. Dann wäre Liebe auch auf dem Rücksitz seines Buick möglich. Aber: »Vögle, solange du lebst. Es gibt kein ewiges Vögeln.« Ergriffen bedankt sich Ted für den Therapievorschlag und den Hinweis auf die Flüchtigkeit menschlicher Wollust.

Bis weit nach Mitternacht kommen die Anrufe. Damit kein Missverständnis ausbricht: Nicht die stickigen Nachrichten von Jerry, Joey und Ted begeistern, sondern die aufsehenerregende Tatsache, dass eine solche Radiostation existiert. Als Flammenwerfer gegen den Perlmuttdunst alter Gedanken. Als Schleudersitz aus einer Welt von Verheimlichern und wimmernden Wiedergeborenen. Als Heilkur gegen die Lusthasser, die ihre sinnliche Impotenz zum Maß aller Dinge erheben.

Williamsburg ist an vielen Ecken revolutionär. Mitte der zwanziger Jahre rettete John D. Rockefeller die versiechende Ex-Hauptstadt und spendierte ein paar seiner Ölmillionen, um den historischen Teil renovieren zu lassen. So erwarten den Besucher heute alte Kutschen und frische Pferdeäpfel auf den Wegen. In den Geschäften drängen sich die Besucher und kaufen von Herren mit Vorbürgerkriegs-Perücken einen »Revolutionstee«.

Ein paar Straßen weiter steht das *William & Mary College*: eine alte, berühmte und ungemein geschmackvoll gelegene Universität, untergebracht in Gebäuden, die zu den Formen und Farben der sie umgebenden Bäume und Rasenflächen passen. Vom Besuch der campuseigenen Buchhandlung wäre allerdings abzuraten. Oder man betritt sie erst nach einer gewissen Gewöhnungsphase. Denn gerade für Liebhaber schmucker Bücherrücken ist das dazwischen mehrmalige Auftauchen von zellophanverpackter Unterwäsche *»100% pure Cotton«* eine starke Herausforderung.

In dieser Kleinstadt denken sie tatsächlich neu. Zumindest die Jungen. Vor der Uni-Kantine sitzen ein Dutzend Studenten, Frauen und Männer, und bieten Informationen und Broschüren an. Denn heute ist der *»National Coming Out Day«*: einmal im Jahr alle Angst überwinden und den Mut haben, sich nicht mehr vor einer anmaßenden Welt zu verstecken.

Frank spricht mich an, bittet um eine Unterschrift zur ausliegenden Erklärung. Der Dreiundzwanzigjährige besticht, ein gewiefter Bursche, ein Schnelldenker, der Anwalt werden will. Er hat sich heute nicht als Homo offenbart, er sei schon immer *out* gewesen. Er ist hier, um den Heimlichen Mut einzureden. Als ich ihm erzähle, dass ich aus Europa komme, legt er los. Wahrscheinlich hält er uns alle für glutvolle Katholiken. Und der Junge kann reden: »Wann wird der Papst sich hei den Homosexuellen entschuldigen? In fünfzig Jahren? In fünfhundert Jahren?« Er zieht einen *Time*-Artikel hervor, der von der besserwisserischen Renitenz der Kirche spricht, von den ungeheuren Zeiträumen, die sie benötigt, um ihre Irrtümer (Kopernikus, Bruno, Galilei u. v. a.) und Verbrechen einzusehen. »Wann wird ein Konzil einberufen, um Abbitte zu tun für all die kriminelle Anmaßung, die da behauptet, dass männerliebende Männer nicht im Plan Gottes vorgesehen seien? Dass Analverkehr keinen Platz im Universum habe?«

Franks harsche Reden katapultieren mich für einen Augenblick nach Guatemala City. Ein paar Wochen verbrachte ich dort als Untermieter in einem Haus, das einem homosexuellen Pärchen gehörte. An jedem Sonntagmorgen gab es einen absurden Grund zum Lachen: Die beiden machten sich auf den Weg zur 10-Uhr-Messe. Ich bettelte: »Antonio, Miguel, bitte liefert mir *einen* Grund, warum ihr eine Institution aufsucht, die nichts anderes unternimmt, als euch zu beleidigen?« Sie wussten ihn nicht. Claro: Die teuflische Maschinerie hatte bereits gegriffen. Schwulsein war schlimm genug. Aber die »Perversion« nicht beichten und bereuen, das schien noch verheerender.

Bis zuletzt hat mich Williamsburg überrascht. Als ich am Sonntagvormittag vorbeikomme, ist die Stadtbücherei offen. Das ist ein fairer Pluralismus, alles ist zugänglich: das Wort Gottes, das aus der nahen Sonntagsschule schallt, und die vielen Worte der Menschen. In einem Land mit 33 Millionen Analphabeten und über 120 Millionen Para-Analphabeten – also all diejenigen, die lesen können, aber nicht wollen – ist das Finanzieren einer täglich zugänglichen und reichlich ausgestatteten Bibliothek ein Akt des Widerstands.

In der *New York Times* stoße ich auf eine merkwürdige Nachricht. Vertreter afroamerikanischer Organisationen haben vehement dagegen protestiert, dass der Begriff »*Nigger*« auch in der neuen Ausgabe des *Merriam-Webster's Collegiate Dictionary* erwähnt wird. Sie wollen ihn nie wieder auftreten sehen. Das ist ein kurzsichtiges Begehren: Wir streichen das Wort »*Auschwitz*« und Auschwitz ist weg. Wir streichen die sechs Buchstaben »*Nig-*

ger« und alles, was mit diesem kurzen Wort assoziiert wird – Rassenwahn, Lynchjustiz, Menschenhass –, hat nie stattgefunden. Aus den Augen, aus dem Sinn. Geschichte als Puzzle, die freien Stellen bitte selber nachtragen.

Witzige Parallele: Vor Jahren ließ das bayerische Kultusministerium die menschlichen »Zeugungsglieder« in den Biologiebüchern wegretuschieren. »Schamgegenden« – was für ein wunderbar christliches Wort – hätten in Schulbüchern nichts zu suchen. Den Sex übermalen, wie rührend, wie hilflos.

Als Reisender, als Mensch allein, ist man mehr als andere auf das Wohlwollen von Fremden, die *kindness of strangers*, angewiesen. Für jedes warme Wort fühlt man sich doppelt dankbar. Es erleichtert so ungemein das Ankommen und Fortgehen. Und in den Staaten bin ich öfter dankbar als im blasierten Mitteleuropa. Kaufe ich dort etwas ein, werde ich das Gefühl nicht los, mich dafür zuerst entschuldigen zu müssen. Der Kunde als lästige Wanze, derer man sich zügig und mit steinernem Gesichtsausdruck entledigt.

Hier läuft es so oft anders, denn hier in Amerika haben sie diese angenehme Oberflächlichkeit erfunden. Beispiel Williamsburg: Ich betrete die Fleischabteilung des K-Mart, die schinkenrunde Dorothy, wir haben uns nie zuvor gesehen, kümmert sich sofort um mich und fragt: »*How are you doing today, young man?*«, verweist auf das tolle Wetter, ist fix, packt ein, zwitschert: »*Enjoy.*«

Aber ja doch, ich bin noch nicht draußen und mein Gesicht ist schon verschwunden hinter den anderen 120 Kundengesichtern, denen sie heute bereits »*Have a nice day*« hinterhergerufen hat.

Doch das ist der springende Punkt. Es geht mir entschieden besser, wenn sie mir lächelnd die Wurstwaren aushändigt. Viel besser als in Ländern, in denen sie nicht lächeln und mir die

Würste missmutig herüberreichen. Ich aber hinterher in einem Reiseführer nachlesen kann – während ich die Wurst verzehre –, dass die Menschen hier seriös seien, kaum zu Oberflächlichkeiten neigten und immer auf den Grund der Dinge gingen. Man müsse nur Geduld haben, länger bohren. Zum Teufel, die Zeit habe ich nicht. Für lebenslange Freundschaften braucht man ein Leben. Jetzt will ich die Wurst und ein Lächeln. Für das eine zahle ich und für das zweite lächle ich zurück. Hoch lebe die oberflächliche Dorothy.

CHARLOTTEVILLE

Mit dem Greyhound weiter Richtung Süden. Während der Fahrt will ich entscheiden, wo ich bleibe. Manchmal steige ich aus und renne um das Terminal. Um die Umgebung anzutesten. Meistens wetze ich verschreckt zurück, da das Gesichtete nur eine mittlere Nervenkrise verspricht. So voll von Symbolen unsinnlicher Vergnügungen – Tankstellen, Fast Food, Parkplätze – scheint der Ort, dass Flucht zum ersten Menschenrecht wird.

Fahrt durch North Carolina. Keine Landschaft, bei deren Anblick ein Herzstillstand droht. Es regnet, es schaukelt, vor mir sitzt ein elegant gekleideter Mensch, den ich frage, ob er etwas Interessantes zum Lesen für mich habe. Und die schöne Vera sagt hocherfreut ja, kramt in ihrer Reisetasche und reicht mir die Bibel. Ich wollte die Frau kennenlernen und jetzt muss ich die Korintherbriefe studieren. Ich fiel auf eine Exegetin herein, ihre Heilige Schrift ist voll intelligenter Anmerkungen und kommentierter Verweise auf andere Kapitel.

Nach zwanzig Minuten, in denen ich anstellig und halblaut die

Schriften der Propheten murmle, zeigt die Fromme Erbarmen. Ich darf aufhören, sie bittet mich sogar, neben ihr Platz zu nehmen. Und ab sofort wird es spannend. Wir reden. Das heißt, ich frage und sie erzählt. Sicher trägt die Atmosphäre bei. Der stille Greyhound, die leisen Tropfen an den Scheiben, die kommende Dunkelheit, es herrscht genau die richtige Temperatur für eine Geschichte. Und sie hat eine.

Vor sechzehn Jahren begann die zweite, die schauerliche Hälfte ihres bisherigen Lebens. Mit einem Klischee fing es an: Einer kommt vorbei und verspricht die Liebe. Nachdem er die Verliebte geschwängert hat, zieht der Versprecher samt Liebe wieder aus und rennt davon. Das Kind kommt. Die Mutter gilt als ausnehmend schön. Ein nächster Mann taucht auf, diesmal bewaffnet. Wohl bedacht. Die Beretta hilft ihm beim Vergewaltigen der Schönen. Clou: Der Unhold wird von zwei anderen Männern für seine Gewalt bezahlt. Kein Racheakt, nur Spaß.

Vera erinnert sich des folgenden Bildes im Augenblick der Tat: Ein Schwarzer vergewaltigt eine Schwarze, während zwei Weiße dabei zuschauen. Und sie erinnert sich, wie der Waffenbesitzer sein Geschäft zu Ende bringt und die Auftraggeber ihn ordnungsgemäß entlohnen: cash.

Sie hat noch nicht genug. Ihr nun seit acht Jahren letzter Mann taucht auf, Tom, der Stahlarbeiter und Footballspieler. Mit ihm entschließt sie sich zum heiligen Sakrament der Ehe. Tom ist ein eher schweigsamer Zeitgenosse, von detaillierten Diskussionen hält er nichts. Per Handschlag und Kinnhaken regelt er hausinterne Differenzen. Wenn er sie nachts auffordert, die Beine zu spreizen, um sich ihren Körper als Abschussrampe für seine hastigen Bedürfnisse zurechtzulegen, dann, ja dann betet die schöne Vera für ihren Ehegatten, den gerade auf- und niederkeuchenden 240-Pfünder.

»Und Hass haben Sie dabei nie empfunden?« frage ich. Und die Schöne: »Nein, niemals.«

Acht Jahre lang dient sie Tom nun als Sparringspartner und Sexliege. Kein Ausweg in Sicht, ihr von Bibelsprüchen geknebelter Kopf ist außerstande, nach einem Notausgang zu suchen. Nicht einmal einen heimlichen, verschmusten Liebhaber schafft sie. An Trennung, geschweige denn Scheidung, wagt sie nicht zu denken. Vormittags arbeitet sie in einer Bank, nachmittags leitet sie einen Friseurladen. Ganztägig träumt sie von einer beulenfreien Existenz als Modedesignerin.

»Bis dass der Tod euch scheidet«: Unerbittlich hängt sie an ihrem Gelübde. Sie hat noch immer nicht begriffen, dass ihre Familie als kleinste terroristische Zelle funktioniert. Und dass sie beide, die Eheleute, den harten Kern der Szene bilden. Das Weib als hilfloses Opfer, der Schwanzträger als ebenso hilflose Bestie.

Leute wie Vera faszinieren. Eine attraktive, denkende Frau verspielt ihr Leben. Warum nur, warum? Ist es diese typische Frauendummheit, die noch nach tausend Niederträchtigkeiten an die Wiederauferstehung der Liebe glaubt? Oder die banale Feigheit vor dem Alleinsein, das unerbittliche Verlangen nach Nähe? Und wäre es die Nähe eines Boxers, der ausholt, statt zu umarmen?

Als wir uns verabschieden, packt sie die Bibel wieder sorgfältig ein. In einer Kleinstadt steigt sie aus, ich helfe ihr noch, die Sporttasche auszuladen. Plötzlich fällt mir ein, sie zu fragen, wo sie heute unterwegs war. Und Vera: »In einer größeren Stadt, hundert Meilen von hier.« Um sich die Beulen und die Abschürfungen von einem fremden Arzt untersuchen zu lassen. Und die Blessuren am ramponierten Unterleib. Hier würde zuviel geredet. Erführe der Boxer, dass sie wegen häuslicher Gewalt in Behandlung sei, er würde sie k. o. hauen.

Nach der Geschichte habe ich Kopfweh, eine Stunde später bin ich in Charlotte. Von diesem Ort, der aussieht wie ein in Beton gegossener Pavianarsch, wüsste ich im Augenblick nur zwei Dinge zu berichten: dass vor genau zweihundert Jahren Horden von Goldgräbern hier vorbeikamen und dass ich einen gigantischen Brüller vernehme, als ich den Bus verlasse. Grüne Missgunst überkommt mich, ich blicke nach rechts auf das halogengrell erleuchtete Ericsson-Stadion und weiß sogleich, was es geschlagen hat: Die Rolling Stones sind in der Stadt!

Mick Jagger, 54 Jahre und mindestens 54facher Millionär, und Spezi Keith Richards – böse Zungen behaupten, er sei gerade, frisch genesen von einer Lebertransplantation, eingeflogen – grölen noch immer »*I can't get no satisfaction*«. Wie ich sie beneide. Auch um die 54 Millionen. Aber noch heftiger um die 58 000 Zuschauer, die sich wochenlang um die Tickets für Uralt-Rock rauften. Was für gerissene Burschen: noch dreißig Jahre später nichts Neues bieten zu müssen. Seltsamerweise assoziiere ich mit den fünf Rockern die viereckig schwarze Brille von Nana Mouskouri. Auch so ein unvergessliches Symbol für Einfallslosigkeit und die Unfähigkeit, aufhören zu können.

Jeder Schreiber beneidet solche Musiker, das ist ein nicht auszurottendes Grundgefühl. Wer von uns träumte nicht von einer öffentlichen Lesung vor 58 000 Leidenschaftlichen, die zu jedem Zweikampf bereit sind, um hier dabei zu sein? Von Hubschraubern über den Massen – *crowd control* – und dem ungeheuerlichen Gefühl, dass man jetzt vorlesen darf, ja muss, was man schon vor einer langen Generation geschrieben und millionenfach veröffentlicht hat. Wer träumte nicht von der berückenden Aussicht, dass die 58 000 nach der Lektüre in ein d*elirium tremens* taumeln würden, so umgeworfen von den alten Hüten unserer Kreativität?

Die Wirklichkeit sieht um Nuancen anders aus. Ich stehe mit meinem Rucksack – Mick soll, so steht's in der Zeitung, mit allein acht Hemdenkoffern angereist sein – an der finsteren, newsabgewandten Seite der Greyhound-Station. Um ein Taxi zu einem bescheidenen Motel abzustoppen. Heikel, denn ich höre drei vorbeirauschende Fahrer mir überrascht zurufen, ich solle in zwei Stunden wiederkommen. Denn jetzt seien sie auf dem Weg zum Stadion. Ob ich nicht gehört hätte, dass die Stones aufspielen? Ich halluziniere gleich nochmals: von drei Taxifahrern, die eine teure Fuhre ausschlagen, um zu meiner Lesung zu preschen.

Aber irgendwann hält Faïs an, ein Pakistani, von Peshawar nach Charlotte verzogen. Er lädt mich auf, denn er braucht mein Geld. Der Ex-Gatte seiner Frau fordert ihn heraus, will die Gattin zurück. Mit Einverständnis von Kadambari – Frau und Ex-Frau – hat Faïs seinen Vorgänger verprügelt. Verwirrenderweise heißt der auch Faïs. Nun steht eine Gerichtsverhandlung an. Faïs gegen Faïs. So muss mein Faïs Nachtschichten fahren, um den Anwalt zu bezahlen. Unsere gemeinsame Zeit – weit hinaus an den Stadtrand, alle anderen Betten sind seit Wochen beschlagnahmt von den 58 000 – vergeht rasch. Wir denken laut über Ausreden nach, um dem Gericht schlüssig zu erklären, warum der andere Faïs die Abreibung verdiente.

Mehr als eine Nacht meines Lebens will ich mir Charlotte nicht zumuten. Wer hier länger ausharrt, muss mit genetischen Veränderungen rechnen. Um 8.30 Uhr am nächsten Morgen stehe ich an der Rezeption meines Motels und frage nach einem Bus Richtung Stadtmitte. Eine interessante Begebenheit folgt: Mister Taylor überkommt der Gesichtsausdruck eines Mannes, der intensiv darüber nachdenkt, was das Wort »Bus« bedeuten und wie ein solcher Gegenstand aussehen könnte. Er gesteht mir grinsend, dass ihn noch nie ein Mensch in dieser Gegend nach einem Bus gefragt hätte. »*You mean a bus to ride?*« Da ich augenblicklich von keinem anderen Zweck weiß, sage ich tapfer: »Ja, einen Bus, um damit zu fahren.«

Der Portier ist ein hilfsbereiter Mensch, er ruft seinen Freund Stan an, den Tankstellenbesitzer. Vielleicht hat der schon einmal einen Bus gesehen. Auch Stan nicht. Aber, »einen Moment, bleib dran«, Stan will seine Kunden fragen, denn er verkauft neben Benzin auch Frühstücke. Und tatsächlich, er findet einen anderen Asozialen (der erste bin ich), der weiß, dass es zwei Kurven weiter eine Haltestelle gibt.

ATLANTA

Vor Jahren schenkte mir ein Guru in Indien einen gescheiten Satz: »*Take it as a gift.*« Akzeptiere es als Geschenk! Gerade dann, wenn dir Widriges widerfährt. Wie jetzt, da ich eine halbe Stunde brauche, um im zivilisiertesten Land der Welt den Standort einer Bushaltestelle zu ermitteln. Und nach dieser halben Stunde nochmals achtzig Minuten neben der Haltestelle herumstehen muss, um endlich einsteigen zu können.

Aber die Belohnung, das Geschenk, kommt prompt. Ich nehme Platz neben Radjuat Singh, einem Sikh, der in Charlotte zu Besuch ist. Voller Enthusiasmus erzählt er von seinem Sohn, der hier Medizin studiere. Bald habe er es geschafft und sei selbstständiger Arzt. »Plus«, Singh hebt die Stimme, »plus Goldmedaillengewinner in Psychologie.« Denn in Amritsar habe der tüchtige Sohnemann seine Studien bereits abgeschlossen.

Ich finde, dass zwei Stunden Warten nicht zu viel sind für ein so fernes, so märchenschönes Wort wie »Goldmedaillengewinner in Psychologie«.

Um Viertel nach zwölf sitze ich im *Americruiser* nach Atlanta. Jeder Platz besetzt. Mancher schwer und üppig, belegt von gewaltigen Körpern. Nach dem dünnen Mister Singh fallen mir wieder die Dicken auf. Und ich bemerke zum ersten Mal, dass sie auch mehr Gepäck schleppen als die anderen. Dadurch erscheinen sie noch dicker. Sogar ein weiches Kissen balancieren sie zu ihrem Sitz. Wie fürsorglich sie mit ihrem Fett umgehen. Behütet soll es sein, nicht anstoßen an den Kanten einer knallharten Welt.

Dass die Wirklichkeit einfach witziger ist als alle Phantasie, beweist Lorraine, die drei Reihen hinter mir sitzt. Vermutlich verzehrt sie gerade ihr drittes Frühstück, auf der Burger-King-Tüte steht – fett gedruckt – der ermunternde Aufruf des Fast-Food-Fabrikanten zur schuldfreien Prasserei: »*Go large.*«

Fast achtzig Prozent der Passagiere sind jetzt schwarz, der Rest Mexikaner, ein paar Weiße. Der Süden rückt näher. Heute funktioniert das Nebeneinander ohne Demütigungen. Bis zur Bürgerrechtsbewegung in den sechziger Jahren war das anders. Passierte der Bus die Grenze von einem Bundesstaat, der die Rassentrennung aufgehoben hatte, zu einem anderen, der sie noch immer praktizierte, so stoppte der Fahrer kurz und forderte die Schwarzen auf, sich nach hinten zu begeben. Dann installierte er im Gang eine Scheibe aus Plastik. Damit die einen hinten blieben. Und die anderen, die Weißen, nicht störten.

Es kam zu Zwischenfällen, der bekannteste betraf die couragierte Maggie Mack. Beim Grenzübergang zwischen Missouri und Arkansas verweigerte sie den Gang zu den Rücksitzen und harrte vorne aus. Der herbeigerufene Polizist ließ sich zu zwei Ohrfeigen hinreißen, für die Greyhound vor Gericht zu 1500 US$ verurteilt wurde.

Explosiver wurde es, als *freedom riders*, meist junge Weiße, die für Rassengleichheit eintraten, die Greyhound-Busse benutzten. Stramme Rednecks, ehrenwerte Gottesmänner und aufrechte Menschenhasser erkannten in ihnen *rabble rousers*, von Moskau finanzierte Volksverhetzer. Ein kompletter Bus ging in Flammen auf.

Heute – ich will für immer dankbar sein – steht dem Informationsfluss zwischen allen 47 Passagieren nichts mehr im Wege. Auch nicht zwischen mir und David, der ein Auge auf mich geworfen hat. Irgendwie scheine ich etwas Gottloses und Verlorenes auszustrahlen, so anziehend wirke ich auf Menschenretter und Seelenfänger. Vielleicht hat es auch nur mit der Tatsache zu tun, dass wir uns seit geraumer Zeit im »Bibel-Gürtel« befinden. Das ist die Gegend, wo Männer und Frauen wie in wohl keiner anderen Gegend auf dem Globus geradezu von der Idee des rechten Lebens besessen sind. Von dem Drang, dem Himmel und den himmlischen Heerscharen wohlzugefallen.

David, Mitte zwanzig und hauptberuflich Missionar, ist strahlendes Mitglied der »*Church Universal and Triumphant*«. Die Chefin heißt Elizabeth Clark Prophet, sie ist der Kurier zwischen dem Herrn und uns, den niederen Kreaturen. Sie residiert in Malibu – feine, sonnenblaue Adresse, wo auch Joan Collins residiert – und gilt als Reinkarnation von – wer hätte Zweifel daran? – Nofretete. Die sieben Chakren – Chakren sind imaginäre Orte im Körper, deren Aktivierung durch Yoga spirituelles Wachstum fördert – bilden den Hauptpfeiler dieser Malibu-Religion.

Missis Prophet hat nun dieser weisen, uralten Philosophie den New-Age-Touch verpasst. Sieht sie doch einen direkten, sprich metaphysischen Zusammenhang zwischen diesen Chakren und gewissen amerikanischen Städten. So repräsentiert Chicago das vierte, das Herzchakra, Symbol von Liebe und Verstehen. Ein anderes Chakra, Synonym für Mitleiden und Erbarmen, gehört – wir wissen es alle – nach Los Angeles. Wahrheit und Heilung hingegen finden sich – auch das zwingend – in New York.

Ich beiße mir auf die Lippen. Fest, denn es kommt noch hinreißender. Stichwort »Reinkarnation«. Ich mache eine Stichprobe und erwähne Mohandas Gandhi. Und David leuchtet, als hätte er auf meine Frage nur gewartet: »Er ist einer von uns. Wiedergeboren in einem College-Girl. Ich kenne sie persönlich.« Meine Lippen zittern jetzt. Erbarmungslos fährt der Junggreis fort und singt plötzlich das Hohe Lied vom Pfad der Keuschheit, den sie in der Triumphierenden Kirche alle beschritten hätten.

Nach dem nächsten Satz blicke ich mit zusammengekniffenem Gesicht hinaus nach Georgia. Wollustwellen schwappen durch meinen Körper. Als Belohnung würde ich David am liebsten in die Arme schließen. Hat er mich doch gerade wissen lassen, dass der Mahatma, die große Seele, nie oralen Sex praktizierte. Und warum nicht? Weil der Mund über dem Herzen liege und die Geschlechtsteile darunter. Deswegen: Unten gehöre nach unten. Und oben nach oben.

Großes Land, große Wunder. Gibt es irgendeinen himmelblauen Blödsinn auf Gottes geduldiger Erde, irgendeine Phrenesie, irgendeine dementia praecox, irgendeinen Irrsinn, den sie hier nicht aufspüren und weitersagen? Oder gibt es das nicht? *Does anything go?* Ist alles, einschließlich Elizabeth Clark Prophets Kommentare über Gandhis angeblich nie stattgefundene Cunnilingus-Praktiken, denkbar, sprich verkäuflich? Aber ja, tausendmal ja. – Wäre ich Religionsstifter, ich würde die Gemeinde der Fassungslosen stiften.

Wieder das Monstrositätenkabinett. Weiter vorne im Bus kommt es zu einem knappen Wechsel heiliger und unheiliger Worte. Ein junger Kerl trägt ein T-Shirt mit der Aufschrift:

»*What the fuck am I alive for?*« Warum zum Teufel lebe ich? Ein anderer Passagier – auf seinem T-Shirt steht geschrieben: »*For the natural man receiveth not the spirit of God. Corinthian 2:14.*« Frei übersetzt: Denn Otto Normalverbraucher hat noch nicht den Geist des Herrn empfangen – steht auf und spricht den Existentialisten an.

Dem Verzweifelten muss geholfen werden. Hier, mitten im Bibel-Gürtel, glaubt einer nicht an den christlichen Sinn des Lebens. Der Gedanke scheint unerträglich. Aber das Rettungsmanöver – »*May I tell you something about Jesus?*« – geht schief. Der Gottlose schickt den penetranten Gutmenschen zur Hölle. Mit den vier einfachsten Worten der Welt: »*You better fuck off.*« Unglücklich über die verlorene Seele, zieht sich der Alte zurück.

In Atlanta bin ich allein und müde. Es gibt Städte, die muss man betreten, um zu wissen, wie sie sich anfühlen. Auch dann, wenn man meint, so vieles von ihnen zu wissen. Andere Städte machen irre vor Fernweh, wenn einer nur halblaut ihren Namen ausspricht. Flüstert jemand das Wort »Venedig«, so wird ein anderer schon leicht schwanken: benebelt von den Versprechungen, die diese drei Silben andeuten. Ihr Duft zieht in das entfernteste Eck der Welt. Anders bei Atlanta, dem Zentrum des Südens.

Ein paar Schritte vom Greyhound-Terminal entfernt leuchten ein paar Quadratmeter Wiese. Bevor ich mich entscheide, ob ich bleibe, will ich einschlafen, zwei unruhige, schlaflose Nächte liegen hinter mir. Erfolglos. Nicht zehn Minuten bin ich unbeaufsichtigt. Zwei dünne – ach, die ungemütlichen Dünnen – Polizisten verbieten die Nachmittagsruhe. Habe ich ihr Südstaatenenglisch richtig verstanden, so halten sie mich für einen umgefallenen Junkie, der hier im Weg liegt. Ich finde noch einmal ein Stück Gras. Und wieder werde ich vertrieben. Diesmal von den Junkies, die mich für einen Polizisten in Zivil halten. Ich sei *»a fucking con artist«*, auf der Lauer liegend und mich als harmloser Drogenkäufer anbiedernd. Was für eine verdrehte Welt: sich rechtfertigen müssen für die friedsamste Tätigkeit menschlicher Existenz. Hundemüde ziehe ich weiter und besteige den nächsten Bus. Atlanta will von mir nichts wissen.

Der Abschied ist schmerzfrei. Denn seit langem leide ich am »Wladimir-Syndrom«, einer schwerwiegenden Unpässlichkeit: Vor Jahren arbeitete ich als Reporter mit meinem Übersetzer Wladimir Nikonow in Bischkek, seinem von stalinistischen Betonbrocken verkrüppelten Geburtsort, heute Hauptstadt der Republik Kirgisien. Kurz vor unserem ersten Treffen war Wladimir von einem längeren Besuch in Deutschland zurückgekommen. »Paradies«, nannte er es. Dort habe er vom Apfel der Erkenntnis gegessen. Genau so erschütternd drückte er sich aus. Als er in Stuttgart mit dem Kopf voran in eine Hoteltür rannte, sei er erleuchtet worden. So sidolgeputzt, so ununterscheidbar von purer Luft sah die Tür aus. Seit er nun wieder im Lande sei, sehe er plötzlich Dinge, die ihm vorher nie aufgefallen seien: Tonnen von Dreck, eine Million Quadratmeter Grau, so viele schmutzgrindige Glastüren.

Das ist das Wladimir-Syndrom: auf einmal Zustände sehen, die man vorher nie gesehen hat. Den Russen erleuchtete eine Beule in Deutschland. Mich verdarben fünf Jahre in Paris endgültig. Wer mit dieser Erfahrung in Atlanta eintrifft, dem fallen alle erfindbaren Gründe ein, um wieder abzureisen. Diese Stadt ist ein Batzen Scheiße ins Gesicht empfindsamerer Gemüter. Ein tropenheißer Gulag. Diesmal ausgedacht von Kapitalisten, die in den sechziger Jahren anfingen, alles niederzureißen, was hier auf souveräne Weise einmal vom architektonischen Charme des Südens erzählte.

Dass Oklahoma City aussieht wie Oklahoma City, ist noch nachvollziehbar. Dort schoss am frühen Vormittag des 22. April 1889 der Sheriff in die Luft und zehntausend Hillbillies rannten los, um ihren Claim abzustecken. So entstand die Hauptstadt Oklahomas. Anders Atlanta. Da war Zeit, um Formen und Perspektiven zu entwerfen. Ein Gefühl für Harmonie wuchs. Wohl nicht harmonisch genug, um die Abrissbirnen-Besitzer zum Hinschauen zu verführen.

Natürlich ist Atlanta eine Brutstätte der Kriminalität, nach Leichen und Verbrechen stinkend. Sogar unbewaffnete Schläfer sind verdächtig. Sie scheinen es hier noch immer nicht durchschaut zu haben: Auch der permanente Anblick von Hässlichkeit treibt in den nackten Hass. Nichts, was die verwundeten Augen heilt. »Schönheit«, schrieb Dostojewski, »wird die Welt retten.« Rettungsloses Atlanta.

NASHVILLE

Zuletzt passt alles, ein Abschied nach Maß. Durch das Fenster werfe ich einen letzten Blick zurück auf die Greyhound-Station und sehe einen Mann ums Eck keuchen, energisch die Arme schwenkend. Eindeutig, er will mit, will auf und davon. Aber wir sind voll. Ein Flash von Mitleid überkommt mich.

Doch auch an Orten wie Atlanta produzieren und verkaufen sie ein Ding, einen Gegenstand, ein Objekt, das noch immer stark genug ist, mich und Millionen andere mit der Wirklichkeit zu versöhnen: Es funktioniert ohne eine einzige Batterie, nie ist eine Steckdose erforderlich. Keine Knöpfe müssen gedrückt werden.

Man kann es auf elegante Weise zur Hand nehmen und somit Intelligenz ausstrahlen. Es bedeutet den einen fast alles und den anderen absolut nichts. Es rauscht nicht, es pfeift nicht, keine unerklärbaren Warnlichter schrecken, in keinem Augenblick besteht die Gefahr, dass der Inhalt verschwindet. Hundert Prozent virenfrei. Garantie grenzenlos, ein ganzes Leben lang. Sogar in einer Badewanne macht es Freude, ohne dass man mit der Gefahr rechnen müsste, von einem Stromschlag aus seinem Vergnügen gerissen zu werden. Als Zubehör genügt ein altes Metroticket. Aber es geht auch ohne. Wer öffentlich damit protzt, muss selbst in der New Yorker Subway nie fürchten, dass ein anderer ihm sein Kleinod entreißt. Es handelt sich sicher um die überwältigendste Erfindung der Menschheit. Weil es alles vermag, unerhört lügen und unerträglich wahr sein. Weil es von jeder Regung in uns zu berichten vermag, selbst von der Fähigkeit, uns anzunähern an die wunderlichsten Widersprüche in unserer Seele. Das Ding sieht fürchterlich normal aus, ist rechteckig und beginnt mit dem angenehm stillen Buchstaben »B«: »B« wie »Buch«.

Minuten hinter der Stadtgrenze habe ich meinen Frieden mit Atlanta geschlossen. Immerhin verdanke ich ihm knapp achthundert Buchseiten, die ich dort gekauft habe. Wiegend und zehn Meilen und zehn Lichtjahre vom »*World of Coca Cola*«-Museum entfernt, wo die Geschichte des berühmtesten Zuckerwassers des Weltalls aufbewahrt ist, lese ich eine Biographie über Allen Ginsberg. Sie beginnt mit einer amüsanten Anekdote über eine Lesung des Dichters in Paterson, seinem Geburtsort in New Jersey. Nach dem Vorlesen erwähnte Ginsberg, dass er regelmäßig Marihuana rauche: »... denn die Droge hilft mir, mich an bewegende Ereignisse meiner Kindheit zu erinnern.« Am nächsten Morgen erließ der Bürgermeister einen Haftbefehl. Ein Doppelgänger mit Vollbart und Nickelbrille wurde festgenommen.

Der echte Ginsberg hatte sich inzwischen in New York in Sicherheit gebracht. Die Presse verlachte den Wichtigtuer aus Paterson. Und der Dichter inhalierte schon wieder.

Nach der Anekdote stellt der Autor der Biographie einen Spruch aus den »Ekklesiastes« vor. Die fünf Zeilen sollen Auskunft geben über Allen Ginsbergs Bereitschaft, den Eintrittspreis zu zahlen für sein so bewegtes, so widerspruchsgejagtes Leben: »*And I gave my heart to know wisdom, and to know madness and folly: I perceived that this also is a vexation of spirit. For in much wisdom is much grief. And he that increaseth knowledge increaseth sorrow.*«

Nach zwei Stunden muss ich schlafen. Selbst Ginsbergs atemloses Suchen nach Tiefe und Sprache kann nicht verhindern, dass ich irgendwann wegsinke. Und erst ein wundersamer Traum holt mich zurück. Eine Wand aus bauchiger Wärme und Haut nähert sich mir, überflutet mich wie eine Welle, drängt mich – und erst jetzt Anzeichen leichter Panik – zurück. Ich erwache und sehe ein lieb lächelndes Gesicht vor mir: »*Hi, my name is Eva.*« Eva ist die Wand aus Haut, sie ist gerade zugestiegen und hat mich vorsichtig zusammengeschoben. Denn Eva, bei Gott, braucht Platz.

Sinnigerweise fällt mir der Film *It Happened One Night* ein. Er gehört mit zu dem halben Dutzend Filmen, in denen ein Greyhound-Bus eine zentrale Rolle spielt. Mitte der Dreißiger hatte der von Frank Capra inszenierte Streifen gehörig zur Popularität des Unternehmens beigetragen.

Warum ist mein Leben so weit weg von Hollywood? Warum bin ich nicht der smarte Clark Gable, der einen *rugged hard-nosed newspaper reporter* in diesem Film verkörpert und spätestens nach einer Stunde – auf einer Sitzbank weit hinten – den Arm um die Pfirsichschultern der Schönen neben sich legt? Und warum ist Eva nicht die Schöne? Warum sind ihre Schultern mindestens zwanzig Kilo schwerer als die von Claudette Colbert? Und warum bin ich nicht Clark der Coole, der fehlerlos und zielsicher zum ersten Kuss ansetzt?

Warum bin ich nur ich, der jetzt mit ansehen muss, wie die liebe Dicke den Walkman rauszieht und einen kriegerischen Rap abspielt? Mich nun ermordet mit einer finsteren Ballade auf alle, die Rap-Warrior Just Ice schon immer verachtete: »*Faggots, bitches, look how their ass switches. They see Just Ice come and they move before they get stitches. Persistent, insistent, nothing changed, nothing different. A bullet or a bat, just pick it.*«

Damit ich mich nicht auf die Suche nach einer Keule mache, um den höllischen Walkman zu demolieren, verführe ich Eva zum Reden. Und ein kleines Wunder passiert. Aus der großen, breiten, den hässlich grässlichen Just Ice verehrenden Eva wird ein zarter Mensch, der in San Augustin, Florida, als Therapeutin arbeitet: für sieben Dollar fünfzig die Stunde in einem Haus voll kaputter Männer und Frauen. Alle traumatisiert von anderen Männern und Frauen, zumeist ihren Eltern, die sie so ausdauernd und hartnäckig misshandelten, dass die Misshandelten darüber den Verstand verloren. Und in manchen Fällen die Fähigkeit, sich leicht und unbeschwert fortzubewegen. Sie also nach rechts oder links umfallen oder nach Messern oder Gabeln Ausschau halten, um sie zum Zwecke der Selbstverstümmelung gegen den eigenen für so nutzlos erachteten Körper einzusetzen.

Aber die meisten sind fröhlich, sagt Eva. Und ihr Stundenlohn sei in Ordnung. Auch wenn die Arbeit an ihren Reserven nage. Aber sie bekomme einen Haufen Liebe, die Kaputten verschenkten hemmungslos Gefühle, denn – und Eva formuliert es kerzengerade –: »Sie haben nicht mehr genug Hirn, um darüber nachzudenken, ob Liebehergeben gut ausgehen wird oder nicht. Sie geben sie her ohne Vorverhandlungen.«

Spätnachts komme ich nach Nashville. Die Taxifahrerin, die mich zu meinem Motel bringt, fragt, warum ich da bin und ob ich hierherziehen möchte. Ihr – wir fahren gerade meilenweit an Frittenbuden und Exxon-Tankstellen vorbei – gefalle es hier sehr. Augenblicklich denke ich an meinen Freund Azen, mit dem ich einst in Nyala, seiner Heimatstadt im Westen Sudans, eintraf und der voller Freude ausrief: »*It's a beautiful city, isn't it?*« Und ich nichts als ein elendes Drecksloch wahrnahm, ausgedörrt, mit über Abfallhaufen kriechenden Frauen und Kindern, ausgehungert, auf der Suche nach Nahrung für die nächsten zwei Stunden. Aber hier in diesem Kral lebten die Menschen, die er liebte. Also musste es hier schön sein. Heimat ist ein magisches Wort.

Nicht anders für Fanny, die Taxilady. Alles, was den Eingeborenen von Nyala und Nashville ihre Wohnorte begehrenswert erscheinen lässt, entgeht dem schnellen Besucher. Er liebt niemanden hier und er hat noch nie etwas Schönes hier erlebt. Und was er sieht, ist von herzaufschneidender Hässlichkeit.

Aber der lange Tag endet heiter. Mein Körper ist zu müde, um gleich schlafen zu können. Ich schalte den Fernseher in meinem Zimmer ein und sehe einen adrett gekleideten Herrn mit goldener Armbanduhr vor einem mickymausblauen Swimmingpool. Er erzählt mir und Millionen anderen Menschen, dass wir alle in ein paar Wochen Millionäre, »nein, was erzähle ich Ihnen: Millionen von Millionären« werden könnten. Aber wir müssten sofort anrufen und »*Secrets to Money Making – NOW!*« bestellen.

Dann kommen die dran, die bereits bestellt haben, die drei Wochen alten Millionäre: Sie wüssten heute nicht mehr wie weiterleben, hätten sie nicht damals – nicht damals, nein, vor drei Wochen – angerufen, um die Videokassette mit den Geheimnissen zur tonnenweisen Geldbeschaffung zu ordern. Das sieht echt aus, denn keine playboyschönen Köpfe tauchen auf, sondern dicke und dickere Zeitgenossen, alle erregt von der eigenen phänomenalen Erfolgsstory. Die meisten von ihnen sitzen auf ihrer nagelneuen Couchgarnitur, die kalorienstarke Frau umschlingend, nach Worten ringend, nicht fassend, dass ihr voriges Leben – das Leben als Versager, als Nicht-Millionär – nun zu Ende ist: »Aber Sie müssen JETZT anrufen!«

Ich ziehe mich erschossen – hier reden sie nicht, hier schießen sie die Worte – zurück auf meine drittklassige Matratze und phantasiere von einem Millionärsbett, das nicht wackelt und groß genug ist, um meine überstehenden Zehen daunenweich zu wärmen.

Andere Zeiten, andere Träume. Als Michelangelo im Sterben lag, fragte ihn ein Freund, was ihm denn die Kraft für ein solches Leben gegeben habe. Und der Meister antwortete: »*La forza d'un bel viso*«, die Kraft eines schönen Gesichts. Ohne die Möglichkeit, immer wieder in schöne Männergesichter, in schöne Frauengesichter zu blicken, hätte er nicht 89 Jahre lang durchgehalten. Nicht als Mensch. Und nicht als Künstler.

Hier, 450 Jahre nach seinem Tod und 6000 Kilometer weit weg von seinem Sterbebett in Rom, haben sie das Anhäufen von Dollarnoten als den allein seligmachenden Antrieb des Lebens erkannt. Noch um zwei Uhr nachts bellen sie die frohe Botschaft über den Äther. Diese Hingabe an den grünen Dollar scheint trotziger, unentwurzelbarer als der Glaube an das undurchlöcherte Hymen der Jungfrau Maria. Lieber akzeptieren sie eine befleckte Befruchtung als die Idee, dass Geld nicht schnurgerade in den Himmel führt.

Da passt eine vor Tagen in *USA Today* veröffentlichte Statistik über die Vorlieben beim Investieren: »Für was und wieviel würden Sie ausgeben, wenn Geld genügte, um Ihren Wunsch zu erfüllen?« Und das Ergebnis – an erster Stelle, noch vor wahrer Liebe, Schönheit und Präsident-Sein –: »Ein Platz im Himmel.« Für den würden die Befragten 640 000 Dollar hinlegen. Ich schlafe unruhig. Die Aussicht, dass ich nie genug Scheine verdienen werde, um die kostenlose Einlieferung in die Hölle zu vermeiden, stimmt bedenklich.

Am nächsten Tag werde ich mit hundert Freuden verwöhnt. Ich spüre, dass Nashville mir guttun wird. Der agile Hotelbesitzer braut Kaffee für mich, holt frischgebackene Doughnuts und weiß sogar, dass sich am nächsten Hauseck eine Bushaltestelle befindet. In der Regel liegen preisgünstige Motels einen halben Tagesritt vom Zentrum entfernt.

Aber heute ist Sonntag und noch nach einer Stunde stehe ich allein herum, ohne Bus. Also marschiere ich los, vorsichtig. Denn nach dem Betonieren der achtspurigen Zufahrtsstraße war kein Geld mehr für einen schmalen Bürgersteig. Eindeutig, Fußgänger gelten als Wirtschaftssaboteure, sie verdienen die Angst. Doch der Weg lohnt sich. Bald komme ich an einem Schild mit der Aufforderung »*Visit Ave Maria Grotto – Jerusalem in miniature*« vorbei. Jerusalem im farbenfrohen Liliputanerformat, heute leider – wie die öffentlichen Verkehrsmittel – außer Betrieb.

Dafür hat zwei Blocks weiter die *Private Fantasy* offen. Die getönten Fenster versprechen Heimlichkeit. Ich läute und die strahlende Rapture öffnet. Rapture – schönes englisches Wort für das schöne deutsche Wort »Entzücken« – führt mich zu einer der vier Kabinen und lädt mich zu einem *lapdance* ein. Ein ganz besonderer Tanz, bei dem Rapture mit ihrem Gesäß über dem Schoß des Kunden tanzt, eng tanzt. Für diese Aufmerksamkeit wären fünfzig Dollar zu hinterlegen. Ich vermute mal, nein, ich weiß, dass es angesichts Raptures unbarmherzig herausfordernden Körperteils nicht bei den ersten Unkosten bleiben wird. In diesem Fall, also in jedem Fall, wird der entzückte Gast für das *full menu* optieren, sprich 140 Dollar.

Beschwingter Abschied von der fröhlichen Hure. Neben ihrem Blockhütten-Puff stehen ein *National Pride Car Wash* und ein Kirchlein: »*Jesus is coming soon.*« Ich finde, hier wurde bürgernah geplant. Die Wartezeit auf den Herrn soll so angenehm wie möglich verkürzt werden: Amerikastolz seinen Wagen waschen lassen, Rapture besuchen und nach der Fleischeslust die Seele befriedigen. Alles da.

Nashville ist ein rühriger Flecken. Über mein Walkman-Radio höre ich von der *Expressway Connection*: Männer und Frauen, die Liebe suchen, warten bereits am anderen Ende der Telefonleitung. So wird es versprochen. »*No escort service, but a friendship hotline*«, dazu da, den eiligen Geschäftsmann mit Expressfreundschaften zu versorgen. Das Angebot dieser Dienstleistung beruhigt, so weiß man die neuen Herren der Welt, die Rasse der Geschäftemacher, wohlversorgt. Mit der *Financial Times* und der *world watch*, welche die Uhrzeiten der wichtigsten Börsenplätze der Welt zeigt, unterwegs, rufen sie zwischendurch *1–800-Express-Connection* an. Für den Kreditkarten-Expressfick.

Noch eine Nachricht. Und die berichtet vom guten alten *communitarism*, jener typisch amerikanischen Hilfsbereitschaft innerhalb der Gemeinde. Stolz vermeldet der Verein *Hands on Nashville* unter anderem, dass am letzten Wochenende kostenlos 1102 schmutzige Fenster geputzt, 30 Hunde ausgeführt und 43 Katzen beaufsichtigt wurden.

Nashville ist anders. Von der Tatsache einmal abgesehen, dass es die Hauptstadt von Tennessee ist, jenem Erdteil, der weltweit am meisten Bibeln produziert. Beim Frühstück las ich mehrere Artikel über den berühmtesten Ausfuhrartikel dieser Stadt, den *country singer*. Die meisten von ihnen sehen aus wie frisch gewaschene Cowboys mit Blechkrawatten, die auf der Fiedel geigen oder die Gitarre klimpern und sich dabei mit so ergreifenden Texten verausgaben wie: »Ich weiß, du bist glücklich, und ich bin glücklich, dass du glücklich bist.« Die kreativsten unter ihnen jodeln zwischendurch, munter und elektrisch.

Wie das Bild täuscht. Wer sich hineingräbt, wird die Dramatik und Tiefe ihres Daseins erkennen. Die meisten von ihnen kommen gerade von einer Entziehungskur zurück oder einer Keilerei oder der inzwischen dritten Scheidung. Des Öfteren ist der Leser eines Interviews dabei, wie der Interviewte vor dem Journalisten die Hand ausstreckt: klarer Beweis, dass die Kur angeschlagen hat und das Zittern vorbei ist. Und dass der Ex-Zitterer wieder zurückgefunden hat zu den Familienwerten, die in Amerika immer mit Abstinenz anfangen.

Neben einem solchen Interview leuchtete das Farbfoto eines Sängers. Und die Zeitung rätselte, warum der Typ so viel Erfolg hat: »Ist es nur, weil der einfach aberwitzig gut aussieht?« Und wir, die Leser, lernen, dass selbst aberwitzig gut aussehen in der Bibelhauptstadt etwas anderes bedeutet als in anderen Teilen der Welt. Denn wir blicken auf ein liebdoofes Mondgesicht, das nur so strotzt vor vitaminpraller und proteinreicher Ernährung. Ein Hit dieses Schönlings heißt: »*I am no stranger to the rain*«. Toll aussehen und so schreiben können, das ist ungerecht.

Als ich an einer Plakette vorbeikomme, die der *Nashville Optimistic Club* hat installieren lassen, bin ich da. Die Stadt präsentiert sich in Bombenform, ein weicher blauer Himmel, eine hautfreundliche Brise, ich schlendere durch die bekannte Historic Second Avenue. Man weiß nicht gleich, ob sie hier gerade für den Karneval geschmückt haben oder ob es so im ganz normalen Leben aussieht: Zwischen *Wild Horse Saloon* und *Elvis Presley Mart* stehen Läden voller Hillbilly-Devotionalien, vollgestopft mit runden Familienvätern in Fransenjacken und runden Ladies in genieteten Cowboystiefeln, alle auf der Suche nach den Preziosen des örtlichen Kunsthandwerks.

Zwei potente Mantras peitschen sie hinein. Das eine schreit über Lautsprecher: »*Buy two, get three.*« Kauft einer zwei pinkfarbene Jeansgürtel, so ist der dritte umsonst. Und das andere Mantra ist auf gerissene Weise der wohl wahrste Spruch einer im Konsumwahn taumelnden Gesellschaft: »*The more you buy the more you save.*« Die meisten Gegenstände sehen rosa aus und ähneln – würde man mit Farbe statt mit Noten komponieren – der Musik vor Ort.

Ist ein Pärchen mutig und rosa genug, betritt es ein *Fun Studio*, um sich dort auf eine Bühne zu begeben, eine Gitarre in der Hand zu halten und gemeinsam zum Playback von, sagen wir, »*The moon is shining on your face*« in ein Karaoke-Mikrofon zu trällern. Der Gag des Hauses: Die beiden werden dabei gefilmt, die Videokassette ist im Preis inbegriffen.

An der Tür des *Brewery Pub* hängen die ausgedruckten Internet-Hymnen glückseliger Gäste. Bill Tagarty aus Nebraska macht mit klaren, einfachen Worten seinem Herzen Luft: »*Great beer, excellent pizza, sensational vanilla cream. All making me wish I lived in Nashville.*«

Als Aristoteles die Agora von Athen betrat, soll er erleichtert ausgerufen haben: »Noch nie sah ich so viele Dinge, die ich nicht brauche.« Ach, wie erleichtert wäre er hier von dannen gegangen.

Reisen durch die USA, das ist auch ein Crashkurs in Toleranz, die Gewöhnung an schier unfassbare Gedanken und Wirklichkeiten.

Aber die Biker, die Harley-Davidson-Fahrer, hätten Aristoteles gefallen. Weil sie anders aussehen. Weil sie – so steht es über dem Nummernschild von einem – »*Different 'til death*«, anders bis in den Tod, sein wollen. Weil in den meisten der Gesichter etwas Seltenes drinsteht, so etwas Seltenes wie Hunger und Suchen.

Am Ende der Second Avenue, zwischen Hard Rock Café und dem Cumberland River, sind an diesem Sonntag ein paar Hundert von ihnen zusammengekommen, um Geld zu organisieren für die Leukämieforschung. Sie machen Musik und auktionieren ihre freiwilligen Gaben. Genau vor einem Jahr ist einer von ihnen an dieser Krankheit gestorben. Das veranstalten sie cool und lachen dabei laut in ihre schönen Bärte. Nirgends die griesgrämige Penetranz der professionellen Wohltäter. Ein Seitenblick auf ihre Freundinnen beunruhigt. Schon verblüffend, wie schmuck und begehrlich Frauen auf Motorrädern aussehen.

Abends treffe ich Terry, den Hausierer. Statt eines Bauchladens voller Klobürsten und Haarkämme besitzt er einen Pickup. »*Going places*« nennt er seine Arbeit. Er durchsucht sein Land nach Sperrmüll, lädt ihn auf, verschleudert ihn drei Meilen weiter. Seinen Ford hat er heute vor der *Tootsie's Orchid Lounge* geparkt, er will sich amüsieren.

Wir gehen zusammen. Der Türsteher durchsucht meine Tasche, ab und zu kommen Messerstecher vorbei, man will kein Risiko eingehen. Terry muss draußen bleiben, er besteht den Geruchstest nicht. Irgendwie riecht er nach alten Möbeln. Später schafft er es mit Hilfe eines im nächsten Drugstore erworbenen Körpersprays.

Die *Ken Taylor Band* spielt auf, jauchzen, jodeln, in die Hände klatschen, wer an diese Musik nicht rankommt, muss einiges ausstehen. Bluegrass, Cowboy Music, Honky Tonk, Hillbilly, Blue Yodels. Ken, der Boss, lässt nichts aus. Mir fällt eine chilenische Fernsehwerbung ein: Es ging um einen Whisky, der angeblich so stärke, dass man nach dessen Genuss sogar ein Bataillon Dudelsackpfeifer leise lächelnd verkraften könne. Ich bestelle sogleich. Und da ich nichts vertrage, bin ich schon nach zwei Martinis ein leiser Lächler.

MEMPHIS

Beschwingt davon. Im Greyhound-Terminal komme ich mit Levi Mast ins Gespräch. Mit Frau, Schwester und seinen vier Kindern wartet er auf einen Bus Richtung Norden. Sie sehen anders aus als die anderen Anwesenden. Die Frauen mit Häubchen und langer Kutte. Und sie benehmen sich, als wären sie nicht von dieser Welt. »*GAMES – SNACKS – GIFTS*« leuchtet es, und sie sehen nicht einmal hin. Den neben jedem Sitz installierten Fernseher schalten sie nicht ein. Die Frauen lesen still, konzentriert, von keinem äußeren Geräusch abgelenkt. Ein friedliches, keusches Bild, nichts schreit, verwundet, verletzt die Ohren.

Levis Familie gehört zu den Amish, den amischen Mennoniten, einst eingewandert aus der Schweiz. Ihr seligster Wunsch ist, sich von den Verwüstungen des Fortschritts fernzuhalten. »Wenn irgendwie möglich«, fügt der Einundvierzigjährige hinzu. Denn ein Bus ist ein Fortschritt, den sie benutzen, wenn es nicht anders geht. In ihrem Dorf in Illinois haben sie keinen Strom, kein fließendes Wasser, kein Telefon, nicht ein einziges motorisiertes Vehikel, eisern vereint im Widerstand gegen den Terror des pausenlosen Konsums. Levi lässt den wilden Satz raus: »Beim Erntedankfest müssten in Amerika die Feuerwehrsirenen heulen. Damit jeder erfährt, wie schamlos sie hier die Gaben Gottes plündern.«

Der Mennonit erinnert mich an die Anekdote zweier Zen-

Schüler, die darüber streiten, wer von ihnen den souveräneren Meister habe. Der eine sagt: »Schau, da drüben am Ufer des Sees gehen Leute. Mein Meister könnte sie selbst aus der Ferne so beeinflussen, dass sie genau das täten, wozu er sie auffordert.« Der andere Schüler schweigt beeindruckt und sagt dann: »Nicht schlecht. Alles das kann mein Meister nicht. Aber er redet, wenn er redet. Und er schläft, wenn er schläft. Und er isst, wenn er isst.«

Levi hat diese leise, baumstarke Konzentration. Er muss sich nicht mehr um sie bemühen, sie ist da, immer, nichts scheint ihn von unserem Gespräch abzulenken. Das wirkt beinahe surreal, denn um uns herum ist einmal mehr der rasende Stillstand tätig: zappende Dreizehnjährige auf der Suche nach dem schnellen Thrill, dröhnende Walkmen, die Lautsprecherdurchsagen, ein kaputter Alter, der seinen Körper nach Ungeziefer absucht, drei hysterische Mütter, die versuchen, ihre plärrenden Kinder zur Ruhe zu überreden.

Jeden Tag kniet Levi sich nieder und betet. Wenn »Versuchungen« kommen, mehrmals am Tag. »Und sie kommen.« Er redet wie ein moderner Mensch, er hofft auf Erlösung, aber er hat keine Sicherheit. Seine Armut ist kein Thema für ihn, sie scheint ihm normal und richtig. Er versteckt nichts, nicht die verschnürten Kartons, die als Koffer dienen, nicht sein mehrmals geflicktes Gilet, das er über seinem geflickten Hemd trägt. Er bittet um nichts, auf unangestrengte Weise ist er mit allem, was er besitzt, zufrieden.

Der Bus wird voll, diesmal mit mexikanischen Saisonarbeitern auf dem Heimweg. Die meisten von ihnen sprechen noch immer keine zehn Worte Englisch. Das passt den Arbeitgebern. So kann sich niemand beschweren: über die Zumutungen, die Hitze, die Blechhütten zum Schlafen, das Fehlen jeglicher sozialer Leistungen. Jorge und ich sitzen nebeneinander. Für sieben Dollar die Stunde buckelte er auf den Tabakfeldern von Kentucky. Nun muss er zurück in die mexikanische Arbeitslosigkeit. Bevor er sie antreten darf, gilt es die Grenze nach Mexiko zu passieren. Das kostet, weil dort seine Landsleute als Zöllner arbeiten.

Wer als armer – sprich: wehrloser – Mexikaner zurück in sein Land will, der hat zuerst einmal Zahltag. Denn hier bezahlen sie an die diensttuenden Gangster eine Art Privatmaut: den Eintrittspreis, um die Demarkationslinie von der Ersten in die Dritte Welt überschreiten zu dürfen. Natürlich ist auch der Zöllner hundsgemein arm, aber weniger arm, da im Besitz von Macht. Jorge erzählt mir von den Manövern, die er und seine Kollegen veranstalten, um den Großteil ihres geringen Barvermögens sicher nach Hause zu schmuggeln: wie sie es in den verschiedenen Versenkungen des Körpers zwischenlagern. Was dort nicht Platz findet, kommt in die akribisch angelegten Ritzen ihres Gepäcks.

Aber Jorge und ein paar seiner Amigos jagen noch andere Probleme. Jorges heißt Maria, seine zum vierten Mal schwangere Ehefrau, und Pedro, Alvaro und Federico, seine drei Söhne. Jorge, der Zweiunddreißigjährige und zukünftige vierfache Vater, muss mir versprechen, nie mehr Maria zu schwängern. Denn mit vier *chicos* werden sie es in diesem Leben bei einem Sieben-Dollar-Stundenlohn für vier Monate im Jahr schon anstrengend genug haben. Jorge sieht den Ernst der Lage, trocken kommentiert er: »*Claro que sí, si no trabajas, no comes*«, aber ja doch, wer nicht arbeitet, hat nichts zu essen. Da Jorge mehrmals das Wort *esposa*, Ehefrau, erwähnt, fällt mir wieder ein, dass der Plural dieses Wortes, also *esposas*, neben »Ehefrauen« auch »Handschellen« bedeutet. Und *esposar*: Handschellen anlegen. Wie gern würde ich Jorge noch einen meiner Lieblingssätze mitgeben: »Du sollst nicht ehe-erbrechen!« Aber ich kann nicht, das so grausam wahre Wortspiel funktioniert nicht im Spanischen.

Abends um Viertel nach zehn betrete ich eine Stadt, von der ein amerikanischer Autor behauptete, sie sähe aus wie Sarajevo um sechs Uhr morgens. Ungenau beobachtet, denn Memphis sieht aus wie Sarajevo um sechs Uhr morgens, nachdem es die Amerikaner wieder aufgebaut haben. Riesig, gräulich, ein echter Totmacher. In New York lebt ein Filmkritiker, der schlechte Filme verschieden hoch »*on the vomit scale*«, auf der Kotzlatte, platziert. Wäre Memphis ein Film, man würde kotzend hinauslaufen. Als ich von der Busstation auf die 4. Straße hinaustrete, lallt mir ein weiblicher Crackhead entgegen, ein von Drogen und Hurerei erledigter Mensch: »Soll ich dir einen blasen?« Gleich ums Eck könnte sie mir eine Express-Fellatio verpassen. »Wieviel?«, will ich wissen. Und die Erledigte: »*Just five.*« Das könne hinkommen. Für denselben Betrag bekommt sie einen »Hit«, ein Pfeifchen voll Crack. So verbringt Debbie ihr Leben zwischen Blasen und tief Einsaugen. Einmal blasen finanziert einmal einsaugen. Wie ich sie verstehe. Wer hier leben muss, der braucht sich nicht mehr zu rechtfertigen.

In meinem Motelzimmer finde ich noch zwei andere Glaspfeifen in der Klopapierrolle versteckt. Ein Nachlass meines Vormieters. Mein Badezimmer befindet sich ungefähr sieben Meilen von Downtown Memphis entfernt, aber die Gründe, um nach dem Trost der Droge zu greifen, sind hier nicht weniger grausam. Im Gegenteil, draußen liegt der U.S. Highway 51 South. Als ich den Rezeptionisten frage, wo ich etwas zu essen kaufen könne, meint er: »*You better stay hungry.*« Das hier sei eine schäbige Gegend. Ich mache mich trotzdem auf den Weg: flackernde Straßenlampen, die eingezäunten Autohalden der Gebrauchtwagenhändler, vorbei an verlassenen Häusern, einem vergitterten Waffengeschäft, querliegendem Müll, Flaschen, Tüten, Bierdosen, hingeschleudert vom durchbrausenden Verkehr, in weiter Ferne leuchtet eine Tankstelle, der *Tiger Mart*. Ich will Milch und drei Riegel Schokolade kaufen.

Als ich ankomme, darf ich nicht rein: »*I can't let you in*«, erklärt mir der Boss über Lautsprecher hinterm Panzerglas. »Warum nicht?«, frage ich blöd. Keine Antwort, nur die Wiederholung der Durchsage, dass ich draußen bleiben muss. Das überrascht, glaube ich doch noch Anzeichen von Zivilisation an mir zu entdecken. Was machen die erst mit einem, der weniger adrett daherkommt? Hungrig und umsichtiger denn je – vielleicht war der Laden dicht, weil gerade ein verdächtiges Subjekt unterwegs ist – kehre ich in mein Zimmer zurück, das jetzt nach frisch versprühtem Gift riecht. Ich erfahre, dass gerade der Kammerjäger vorbeischaute. Ob der immer um Mitternacht kommt? Der Tüchtige benutze ein Produkt, so erläutert mir Jim, der hier nachts als schwerbewaffneter Aufpasser unterwegs ist, das 300 Kakerlaken in zehn Sekunden tötet. Jims imperiale Sprache beruhigt, ich weiß jetzt, dass nun mindestens neuntausend Kakerlaken – mindestens fünf Minuten lang wurde gesprüht – in meiner nächsten Umgebung tot sind.

Ich will mich nicht beschweren. Auch nicht über Memphis, nicht über seine hurenden Kokainsüchtigen, seine düsteren Highways und fruchtbaren Küchenschaben. Weil ein Schreiber nichts zu schreiben wüsste über die unheilbar Gesunden, über den Durchschnittstypen, das Mädchen von nebenan und das brave Leben der lebenslang Braven und Stillen. Gut, dass es sie gibt. Und wie gut, dass ein paar andere, die Lauten, die Schrillen, die Auflehner, die Kaputten und Krummen, auch da sind. Sie erinnern die Unverletzbaren an die einzige Todsünde, derer sie sich ununterbrochen schuldig machen: dass sie nicht leben. Dass sie tatsächlich glauben, es gäbe noch ein anderes, ein späteres Dasein. Sie sich weigern zu begreifen, dass sie froh sein müssen, wenn sie immerhin ein Leben vor dem Tod gehabt haben. Jack Kerouac schrieb es ebenso imponierend wie pathetisch nieder: »Das Leben ist heilig und jeder Augenblick kostbar.«

Alle bisherigen Städte lagen am Weg, eher zufällig legte ich bei ihnen eine Zwischenstation ein. Anders Memphis. Hierher trieb mich die reinste Liebe, ein Gelübde, das dringende Bedürfnis, mich zu revanchieren. Dem Mann, der hier vor zwanzig Jahren starb, verdanke ich mindestens tausend Stunden Glück. Immer wenn ich ihn hörte, wurde ich sentimental, sinnlich oder einfach happy. Er war einer der ersten, die mir beibrachten, dass Schreiber gegen Musiker nichts ausrichten. Dass Musik radikaler verführt als Sprache.

In manchen Augenblicken fragte ich mich, ob ich ihm nicht Tantiemen schulde. Es waren jene Momente, in denen ich mich anschickte, eine Frau für mich zu begeistern. Und um dieses Unternehmen so elegant wie nur denkbar dem einen Ziel näherzubringen, legte ich seine Platten auf. Noch heute könnte ich nicht mit Bestimmtheit sagen, was den Ausschlag gab: meine Bemühungen oder sein *shmaltz* (sprich: *schmolz*), sein seliges Wimmern und Heulen.

Vorgeschichte: Vor mehr als 150 Jahren flohen die Chickasaw-Indianer ostwärts, um den vordringenden mordenden Siedlern zu entkommen. Der Große Geist riet ihnen, jeden Abend in der Mitte des Camps den *magic pole* zu errichten. Und der magische Pfahl neigte sich immer östlich. Also flohen sie stets in diese Richtung. Eines Morgens fanden sie den Pfosten unverändert. So blieben sie und nannten den Ort »Topola«, Rastplatz. Sie überlebten. Ein langes Jahrhundert später – das zwei Autostunden östlich von Memphis gelegene Kuhdorf hieß inzwischen Tupelo –

wurden hier einer armen Frau Zwillingssöhne geboren. Der erste hieß Jesse Garon und war tot, als er zur Welt kam. Der Zweitgeborene hieß Elvis Aaron und brüllte unverzüglich nach den Brüsten seiner Mutter. *The King was born.* Wie logisch, dass er allein überlebte. Neben ihm war kein Platz für einen zweiten. Da gibt es Statistiken, die sagen, dass die vielen unter diesen oder jenen Umständen keine Chance haben. Und dann gibt es das Wunder, den Helden, das Einzelstück, einen, der seinen Weg geht, einen, der alles widerruft.

Der U.S. Highway 51 South heißt auch *Elvis Presley Boulevard.* Am nächsten Morgen wandere ich die Straße nochmals entlang, um endlich an dem Ort anzukommen, an dem ich längst hätte ankommen sollen: »*Graceland – House of Elvis A. Presley. 3717 Elvis Presley Boulevard, Memphis TN 38116.*« Als ich davorstehe, bin ich zu feige, um nachzugeben. Fünfzig andere stehen auch davor, die Mutigeren heulen ergriffen drauflos.

Das muss zügellose Anbetung sein: eine gute Stunde vor Mitternacht Memphis betreten, hungernd einschlafen, zweimal an einem der hässlichsten Highways des modernen Straßenbaus entlanggehen und nicht davor zurückschrecken, an der Kasse der *Elvis Presley Enterprises* ein »*Platinum Tour Package*«-Ticket zu erstehen. Aber ich fühle mich beschützt, bin unauffällig im Kreis anderer – 2049 heute, 750 000 im Jahr – Leidenschaftlicher, die nun die in Fünf-Minuten-Intervallen abfahrenden Busse besteigen, um die andere Straßenseite zu erreichen.

Typisch Elvis: Eine Straße gehend zu überqueren – selbst wenn eine eigene Ampel den Verkehr abstoppt – kommt nicht in Frage. Einen König besucht man nicht zu Fuß, man fährt vor. Auf den achtzig Metern vom Gartentor bis zur Haustür fällt mir noch auf, dass ich mich doch geringfügig von den anderen 2048 unterscheide. Durch mein eher biederes Auftreten. Sehen doch die anderen – ganz im Einklang mit der Kleiderordnung des Meisters – aus wie lebende Leuchtraketen: pinkgrüne T-Shirts, hellrosa fluoreszierende Turnhosen, Sneakers und spiegelglitzernde Sonnenbrillen.

So sei noch ein ganz persönlicher Rat erlaubt: Wer immer als Nicht-Yankee hier vorbeikommt, um dem Giganten die letzte Ehre zu erweisen, der sollte sich geistig gründlich darauf vorbereiten. Denn Elvis war unter anderem auch Weltmeister aller zwischen Himmel und Erde vorstellbaren Geschmacklosigkeiten. Die Inneneinrichtung von Graceland – schon der Anblick von Fotos lässt in Ohnmacht sinken – verspricht härteste Anforderungen an feinnervige Zeitgenossen.

Vier Jahre bevor er 1957 hier einzog, entstand eine der aufregendsten Legenden seines Lebens. Der völlig unbekannte Achtzehnjährige machte sich auf den Weg zu den Sun Studios, um auf eigene Kosten eine Platte für den Geburtstag seiner Mutter aufzunehmen. Als er eintrat, fragte ihn der Mann am Mischpult (in anderen Versionen fragten ihn die Sekretärin oder der Besitzer): »*How do you sound like?*« Und der Halbwüchsige wusste es längst: »*I don't sound like nobody.*« Und ist die Geschichte hundertmal erfunden, so ist sie doch auf ewig und immer wahr.

Die *Platinum Tour* beginnt erfreulich. Zehn Sekunden lange Fahrt durch einen Park mit Bäumen aus dem Paradies, gedacht wohl als hilfloser Puffer gegen den sechsspurig vorbeikeuchenden Verkehr. Dann Ankunft, die Fassade von Graceland sieht gut aus, klare Linien, vier weiße, hohe Säulen stützen das im Greek-Revival-Stil erbaute Vordach. Erst hinter der Tür hat Elvis architektonisch eingegriffen. Hemmungslos eingegriffen. Gleich rechts im Erdgeschoss das Esszimmer, spanische Fenstergläser aus dem 17. Jahrhundert neben einem hellorangefarbenen Teppichboden. In der Mitte ein langer Tisch, Platz für vierzehn Personen, die vor Ort die *Memphis Mafia* genannt wurden, jeder Stuhl ein Beweis für Elvis' notorische Großzügigkeit. Geld kam tonnenweise herein und flog tonnenweise hinaus. Zufällig gab es auch vierzehn Fernseher im Haus, hier im Esszimmer stand die Zwei-Zentner-Ikone links neben dem Sitzplatz des Hausherrn. Somit schien die Gefahr gebannt, dass jemals ein Augenblick der Stille den betriebsamen Lärm durchbrach.

Daneben die Küche. Drei Köche hantierten hier, Presley war Südstaatler, folglich ein guter Esser, später ein Vielfraß, immer wieder besessen von fixen kulinarischen Ideen, von denen er sich nur befreien konnte, indem er sie auslebte. Am hartnäckigsten scheint ihn die Meatloaf-Phase verfolgt zu haben. Sechs Monate lang jagte er von einem Fleischberg zum nächsten. Der King weigerte sich erfolgreich, erwachsen zu werden. Durchs Leben rannte er als Kind, besessen von Sehnsüchten, die er sich erfüllte. Sein Logo waren drei Buchstaben – TCB: »*Taking care of business in a flash.*« Kein Vielschwätzer, kein Nachdenklicher, eher ein Mover und Shaker, immer erdbebengefährdet, immer auf der Suche nach dem Thrill.

Und immer begleitet von schamlos ausgelebter Eitelkeit. Überall Spiegel, hier in Graceland gleich quadratmetergroß. War er unterwegs, dann puderte er sich mit Hilfe einer maßgeschneiderten *vanity box*, die er sich in jedes seiner Autos einbauen ließ. Die sündteuerste von allen, rundum vergoldet, fand ich in seinem *Golden Cadillac*, Baujahr 1960, ausgestellt in der *Hall of Fame* in Nashville. Elvis, der Gutausseher, lief schon als Teenager mit aufgeklebten Wimpern herum. Mit kindlicher Freude sah er sich an.

Der erste Stock ist gesperrt. Gemeine Menschen behaupten, die dort versteckten Schlafzimmer seien so unansehnlich wie blaue Wildlederschuhe, sodass sie nicht einmal der amerikanischen Öffentlichkeit zugemutet werden könnten. Also hinunter in den voll ausgebauten Keller. Zwei Räumlichkeiten bleiben unvergessen, zuerst das Fernsehzimmer mit drei Fernsehgeräten in einer Reihe. Die Idee kam dem TV-Freak, als er erfuhr, dass Präsident Johnson immer gleichzeitig die Nachrichten aller drei Sender – NBC, ABC und CBS – einschaltete. Politik langweilte den King. Dafür sah er drei Sportsendungen, zumeist Football-Übertragungen, nebeneinander.

Wer sich jetzt weiterwagt, sollte eine Gedenkminute einlegen. Um noch mal Kraft zu sammeln. Denn nun heißt es, einen Gipfel Elvis'scher Verirrungen zu stürmen: das Dschungelzimmer, *The Jungle Room.* Möbel – *made in Memphis* – wie aus dem Busch, mit Tigerfellen überzogen und mit dunkelbraun lackierten Holzschnitzereien bestückt, schmücken den Raum. Nein, nicht Schnitzereien, eher naturgetreue Wurzelgeflechte, die, begnadet hässlich, als Armstützen und Rückenlehnen in den Raum ragen. Und das alles auf einem hellgrünen – der Dschungel ist grün – Teppich. Aus einer Wand des Raums plätschert ein Wasserfall.

Hätte man diese Örtlichkeit im Nachlass von Mobutu entdeckt, es hätte nur um eine Nuance weniger überrascht. Dass Elvis Presley hier, inmitten seines geliebten Sperrmülls, ein paar Dutzend seiner besten Songs aufnahm, ist kein Widerspruch, sondern schlichter Hinweis, dass er – von einigen Ausnahmen einmal abgesehen – als genialer Musiker unfehlbar war. Und dass er nebenbei als lausiger, von den Niederungen des Massengeschmacks infizierter Innenarchitekt dilettierte.

Wieder nach oben, hinter der Villa sieht man auf echtgrüne Wiesen und weiße Zäune, der King war ein begabter Reiter. Als diese Leidenschaft ausbrach, kaufte er schnell mal vierzehn Pferde. Er hatte die bravouröse Eigenschaft, seine Freude zu teilen. Wohnte ein zweites Genie in ihm, dann das einer tornadoähnlichen Generosität. Neben einer Koppel steht »*Vernon's Office*«, hier beaufsichtigte sein Vater die Beantwortung der Fanpost. Auch hier stehen mehrere Fernseher. Das legt die Vermutung nahe, dass der Wille, einen Teil seines weltlichen Daseins in der Nähe von Football-Übertragungen zu verbringen, erblich ist.

The rich madness of life: Im »Trophäenraum« wird auf sensationelle Weise deutlich, wie die Verrücktheit seines Lebens aussah. Die Stationen, die Filmplakate, die Filmküsse (u.a. mit der überirdischen Ann-Margret!), seine Garderobe, Ausschnitte aus seinen Shows. In der *Time*-Ausgabe vom 14. Mai 1956 schreibt ein Kritiker: »*… and his entire body takes a frantic quiver, as if he had swallowed a jackhammer.*« Das ist fulminant beobachtet: »… als hätte er einen Presslufthammer verschluckt.« Treffsicherer kann man die sinnlichen Rotationen von *Elvis the pelvis* nicht beschreiben. Er war, zumindest die ersten Jahre, ein Rebell. Und das rebellischste waren im puritanismusverseuchten Amerika diese vom Teufel eigenhändig auf die Welt gezauberten Hüften. Vorgeführt und begleitet von einer Stimme, die nichts ausließ, um die flammendsten und niedergezüchtetsten Körperteile – die ansonsten von allen Seiten gegeißelten *private parts* – seiner Zuhörerinnen in helle, hellste Aufregung zu versetzen.

In der Trophäenhalle sieht man TV-Nachrichten mit christlichen Predigern, die geifernd gegen seine Musik als unverzüglichen Aufruf zur Sünde wüteten. Sieht moralisch krebsrot entrüstete Besitzer von Radiostationen, die seine Schallplatten öffentlich zerschmettern. Sieht die ersten Auftritte des King in der »*Ed Sullivan Show*«, erfährt, dass er bald nur noch bauchnabelaufwärts gezeigt werden durfte. Sein wild tobender Unterleib wurde zensiert. Auch die Geschlechtsteilhasser hatten begriffen, dass immer zwei Shows stattfanden: die Bühnenshow und diejenige, die Presley beim Publikum auslöste. Und die war so weit weg von den eisigen Szenarien eines ununterbrochen anschaffenden Kapitalismus.

Auch wahr: Erst die Dollarkisten versorgten Elvis mit dem Lebensstil, der – noch zwanzig Jahre nach seinem Tod – zu fassungslosem Staunen verführt. Rüber ins *Auto Museum.* Alles, was zwei, drei oder vier Räder besaß, musste her, auch ein Go-Kart, ein Golf-Kart, eine Schneefräse (in Memphis!), mehrere dreirädrige Supercycles, Hondas und Harley Davidsons, ein Mercedes 280 SL, ein Rolls-Royce, ein Ferrari Dino 308 GT 4 und – ich erwähne nur Höhepunkte – ein violetter Cadillac Convertible, der ursprünglich weiß war und der erst dann violett wurde, nachdem Elvis aus dem Geschäft gerannt war, um ein Pfund Trauben zu kaufen, zurückrannte, die Trauben auf der weißen Kühlerhaube zerquetschte und den Verkäufer befriedigt wissen ließ: »*This is my color.*«

Irgendwann waren alle Vehikel zu langsam und der King besorgte sich zwei Flugzeuge. Das war drei Jahre vor seinem Tod und heute weiß man, dass es jene Jahre waren, in denen er anfing, die Übersicht über sein Leben zu verlieren. Hundertfünfzig Meter neben dem Automobil-Museum stehen *The Lisa Marie Jet*, benannt nach seinem einzigen Kind, und *Hound Dog II*, das leichtere Reserveflugzeug. Elvis blieb sich treu, ein Gang durch sein *Flying Graceland* beweist einmal mehr sein riesiges, verschwenderisches Kinderherz.

Das vergoldete Waschbecken, das *skyphone* (wie die meisten Amerikaner litt er an einer genetisch bedingten Telefoniersucht), die Fernseher, der Tisch mit genug Platz für alle 14 Freunde und das Himmelbett mit Sicherheitsgurt. Beim Verlassen der Maschine darf jeder Besucher noch einmal herzlich lachen, denn eine Tonbandstimme erzählt uns, dass das Schubfach neben dem Bett als Ablage für Bücher diente, denn Elvis sei ein fleißiger Leser gewesen. Höchst merkwürdig, denn auf dem gesamten Gelände habe ich nicht zwei Buchdeckel entdeckt. Abgesehen von den Eisenbahnladungen, die über ihn geschrieben wurden.

Nein, nicht als still versunkener Bücherfreund wird uns Elvis A. Presley in Erinnerung bleiben. Auch nicht als bedachtsamer Umweltfreund. Dafür als Riesenbaby, denn über Video hört man seinen ehemaligen Piloten die aberwitzige Geschichte von den *peanut butter sandwiches* erzählen: Eines Nachts – es war eine jener Nächte, in denen die Erdnussbuttersandwich-Manie grassierte – rief ihn sein Arbeitgeber an und bat, die Motoren anzuwerfen. Es ginge nach Denver, jetzt gleich. »*Why Denver?*« Und Elvis kichernd: »*To get some peanut butter sandwiches.*« Denn nur in Denver wären sie üppig und kalorienstark genug. Und so rasten sie von Tennessee nach Colorado, verheizten 2100 Gallonen (7948 Liter) Sprit und brachten eine halbe Tüte des geliebten Nahrungsmittels zurück nach Memphis. Die andere Hälfte verschwand bereits als Reiseproviant.

Nicht so viele Nächte später war auch diese Leidenschaft überstanden. Am 16. August 1977 treibt der King am Nachmittag noch einmal Sport, legt sich ins Bett und stirbt. An einem Herzinfarkt, so die offizielle Presseerklärung. Seine letzte Freundin, Ginger Alden, ruft den Arzt. Der kommt um Jahre zu spät. Zuviel Weltruhm, zu viele Fleischberge und Erdnussbutter, zu viele *uppers* und *downers*, um aufzuwachen und einzuschlafen, zu viele Reize für ein schwaches Herz, zu viele erfüllte Träume für den Sohn eines Zuchthäuslers, zuviel Leben für nur 42 Jahre. Im *Meditation Garden*, dem Familiengrab neben den Paradiesbäumen, neben seinem Zwillingsbruder und seinen Eltern ist er begraben.

»*Are you constipated tonight?*«, so könnte die inoffizielle Presseerklärung anfangen. Seit Jahren litt der Dicke an Verstopfung. Laut Dan Warlick, *Chief Medical Investigator* von Tennessee und bei der Autopsie anwesend, fiel der King um neun Uhr vormittags vom Thron: gescheitert bei dem – diesmal letzten – Versuch, sich zu erleichtern. So heftig, so energisch musste er pressen, dass seine Aorta quetschte und kein Blut mehr zum Herzen gelangte. Erst sechs Stunden, nachdem Elvis das Badezimmer betreten hatte, fing jemand an, nach ihm zu fragen. Man hatte sich an die legendär-zeitintensiven Aufenthalte des Königs in der Nähe einer Kloschüssel gewöhnt.

Es ist bereits dunkel geworden. Freundlich wirft mich der Mann am Gartentor hinaus. Sentimentale Idioten wie ich sind an diesem Ort der Erde keine Seltenheit. Nur mühsam kommen sie weg. Außer Sichtweite heule ich los, endlich. Meine letzten Tantiemen, die ich dem King schulde, fallen mir ein. Das war vor einem Jahr in Paris, als ich in der Metro einen Straßensänger fand, ihn als Troubadour einkleidete und – fürstlich entlohnt – bat, unter dem Fenster meiner damaligen Flamme »*You are my reason for living*« zu seufzen, schön ölig und alle Strophen lang unterstützt vom Samt seiner Gitarre.

Vor der Mauer treffe ich Terence, ihn hat es noch schlimmer erwischt als mich. Seit Jahren springt er jede Woche in seinen *jumpsuit*, der Elvis' berühmtem Kostüm nachgeschneidert ist, und fetzt vom fünfzig Meilen entfernten Holly Springs nach Graceland. Und jedesmal kritzelt er Namen und Ankunftsdatum in die Mauer entlang des Parks und unterschreibt stets mit: »*Yours, very truly.*« Wir wandern zum *Tiger Mart*. Und diesmal darf ich hinein. Nichts sieht harmloser aus als zwei trauernde Narren.

NEW ORLEANS

Weiter Richtung Süden durch Mississippi. Weites, flaches Land, weiß von endlosen Baumwollfeldern. Alle zehn Minuten ragt groß beschildert eine Weisheit christlicher Fundamentalisten in den Himmel, Reklameschilder für den lieben Gott. Der erfrischendste Spruch von allen: »*To reject God is to accept Hell*«, wer den Herrn zurückweist, fährt zur Hölle. Das sind klare Worte. Keiner wird hinterher sagen können, er habe nichts gewusst. Ich sehe es kommen, ich werde schmoren.

Mit etwas Pech wäre es schon heute passiert. Nach stillen Stunden unter einem strahlenden Vollmond erreiche ich spätnachts New Orleans. Allein und zügig gehe ich die O'Keefe Street entlang, den direkten Weg zu meinem Hotel. Wie immer in solchen Situationen halte ich mich eher ein paar Meter von den Fassaden der Anrainer entfernt. Für den Fall, dass es jemand auf meinen Rucksack oder mich oder beides abgesehen hat, bleibt eine Denksekunde, um zu reagieren. Aber die Gefahr, möglicherweise schon vorzeitig in der Hölle zu landen, kommt diesmal aus einer anderen Richtung, sie kommt mitten auf der Straße daher: Mit Blaulicht und Sirene braust ein Polizist auf seinem Motorrad auf mich zu, hält in zehn Meter Entfernung und schreit laut und deutlich in seinen formschön eingebauten Lautsprecher: »*Stop! Don't move!*« Ich bleibe stehen. Routiniert und einem leiderfahrenen Sheriff nicht unähnlich, lockert der Mensch nun den Sicherheitsriemen an seinem Pistolenhalfter, legt den Suchscheinwerfer auf mich an und fragt gefasst: »*What are you carrying on your right side?*«

Jetzt erst verstehe ich, warum er ein Auge auf mich geworfen hat: Meine schwarze Gürteltasche – groß genug, um eine vollgeladene Derringer 38 Speed zu verstauen – scheint ihm zu missfallen. Mir entgeht nicht die Romantik der Situation. Allein auf weiter Flur, spätnachts, stehen sich zwei Männer gegenüber, wobei der eine den mutmaßlich Guten mimt und der andere den verdächtigen Bösen. Ich muss alles ausleeren – »*move slowly*« – und auf die Straße legen. Da bis zuletzt keine Pistole, kein Revolver zum Vorschein kommt, darf ich alles wieder einsammeln. Und weitergehen.

Willkommen in New Orleans. Vor Wochen las ich in *Newsweek* eine Story über die seit kurzem famosen Erfolge der Polizei gegen Mörder, Räuber und Vergewaltiger, gegen die *scumbags*, den bisher nimmermüden Abschaum dieser Stadt. Das liest man gerne, eingedenk der Tatsache, dass die schweren Jungs in der *Big Easy* genannten Stadt achtmal öfter zuschlugen als im bereits weltrekordkriminellen Landesdurchschnitt. Dass die hiesige Polizei – lange Jahre von ebenfalls spitzenwertnahen Korruptionsskandalen gebeutelt – nun einsame Wanderer mit Martinshorn und Flutlicht abfängt, halte ich allerdings für übertrieben.

Von Geburt an, so scheint es, unterhalte ich ein gespanntes Verhältnis zur Polizei. Noch immer weiß ich nicht, vor wem ich mich mehr fürchten muss, meinen Freunden und Helfern oder den anderen, die gleich von vornherein zugeben, dass sie weder hilfsbereit noch freundlich sind. Mit großen Schritten erledige ich den Rest der Strecke. Als ich leicht verschwitzt vor Nick, dem Nachtportier, ankomme, fragt er mich besorgt: »*Did you come from the left side?*« Ja, warum? »*Left is bad, bad people.*« Soll ich das nächste Mal von rechts kommen? Ich mag solche Typen wie Nick. Sie sind wie clevere Huren, sie stoßen umstandslos Bescheid, sie sind das geworden, was die englische Sprache so intelligent mit *streetwise* beschreibt. Einer, der sich auskennt auf den Straßen, die ihn umgeben.

Der selige Augenblick des Einschlafens verzögert sich. Aus

dem Nebenzimmer kommen die Geräusche von zwei Männern beim Liebesspiel. Ich vermute mal, denn die Stimmen sind eindeutig männlichen Geschlechts. Doch aus dem Spiel wird genitaler Ernst. Statt zärtlicher Flüsterworte plötzlich der Schrei des Zukurzgekommenen: »*You promised to fuck me. And now? It's all bullshit.*« Dann schmettert der Beleidigte die Zimmertür ins Schloss, keucht auf dem Gang auf und ab, kehrt zornbebend zurück zur Bettstatt und wiederholt den grausigen Satz. Ein Ritual entwickelt sich. Kurze Stille, dann der laut hinausgeschleuderte Vorwurf, die krachende Tür, die stampfenden Schritte und wieder die unüberhörbare Forderung nach unverzüglichem Sex. Endlich das rumorende Bett. Der versprochene Geschlechtsverkehr findet statt.

Der nächste Morgen beginnt mit Liebe. Als ich mein Hotel verlasse, warten ein paar Damen davor – Zeuginnen Jehovas – und verteilen Broschüren mit der Überschrift: »*Will all people ever love each other?*« Hoffentlich nicht, fürchterliche Vorstellung, dass alle lieb und friedlich sind.

Ich eile ins Vieux Carré, das französische Viertel. Französisch, weil der Franzose Jean-Baptiste Le Moyne hier 1718 am Mississippi-Delta den Grundstein zu einer Siedlung legte. Da Franzosen über ein Chromosom verfügen, das für die Anmut von Formen und die geheimen Linien der Schönheit zuständig ist, gehört der alte Stadtkern noch heute zu den architektonischen Weltwundern auf dem Kontinent.

Sieben Uhr morgens, *morning glory*, nur die Frühaufsteher unter den Pennern und die Straßenkehrer sind schon auf. Das warme Licht der ersten Sonne, ich streife die Fassaden entlang, stille das Bluten meiner Augen vom Glotzen auf 3000 Exxon-Tankstellen. Ich suche die Hausnummer 332 1/2 in der St Peter Street. Ich stehe davor, frage eine Lady, die gerade ihren Laden aufsperrt, ob sie wisse, ob das die ehemalige Adresse von Tennessee Williams sei. »Tennessee wer?« Ich bin beruhigt, als ich eine winzige Tafel finde, die bestätigt, dass hier einmal ein Riese der Weltliteratur gelebt hat. Oben im zweiten Stock – man sieht von unten durch das Fenster auf ein Glasdach – schrieb er »Endstation Sehnsucht« und hörte dabei die Straßenbahn über die nahe Royal Street kreischen. Die Tramway mit der romantischen Endstation ist verschwunden. Schon vor langer Zeit wurde sie von einem Bus abgelöst. Und das Wort Sehnsucht – »*Desire*« – bezeichnet heute die drittgrößte Sozialbausiedlung im Land, einen Stadtteil, vollgestellt mit grauslichen Wohnschachteln, Unterschlupf für Nutten, ärmste Teufel, Drogenhändler. Dort machen sie nach, was ihnen Bimbo Stallone und Bimbo Schwarzenegger vormachen: sprachlos umnieten. Löst das Drecksloch noch eine Sehnsucht aus, dann die, von dort abzuhauen. Als ich vor nicht allzu langer Zeit in der Gegend als Reporter arbeitete, mietete ich mir am zweiten Tag einen Bodyguard, um heil über die Runden zu kommen.

Aber es gibt eine viel sinnenfrohere Erinnerung an den Dichter. Sie gehört nach Key West, der Stadt am südlichsten Ende von Florida. Dort suchte ich vor Jahren das Haus, das Tennessee Williams nach seinem Wegzug aus New Orleans anmietete: In der Duncan Street kletterte ich über den hohen Bretterzaun, auf dem »*Keep out*« stand. Bis zu seinem Tod 1983 hatte der Schriftsteller hier gewohnt. Seitdem verrottete es, der kleine Swimmingpool war voller Blätter, durch die Scheiben des einfachen, erdgeschossigen Holzhauses war nichts zu sehen als ein leergeräumtes Bücherregal. Eine Alarmanlage gab es, wahrscheinlich vom Makler installiert. Ich kletterte zurück und eilte in den nächsten Buchladen, ich wollte »Orpheus steigt herab« nochmals lesen, eines der ersten Stücke, die er hier schrieb. Das Drama von Männern und Frauen, die nur auf die Welt kommen, um zu sterben, so leer, so adrenalinleer vergeht ihr Leben. Ich hatte Glück. Bald fand ich die Zeile, die am poetischsten den Inhalt resümierte: »Dieses Land ist einmal wild gewesen. Die Männer und Frauen waren wild und in ihren Herzen hatten sie füreinander eine Art von wilder Güte, aber nun ist es krank, krank von Neonlicht...«

Witziges New Orleans. An einem Straßeneck steht ein Dicker mit einem großen Schild vor dem Bauch: »*Stop Hunger!*«. Schon von weitem fange ich zu lachen an. Als ich mit ihm rede, merke ich, dass er sich keine Sekunde lang der Ironie der Situation bewusst ist: dass ein zum Platzen fetter Mensch kein Recht hat, sich ein Schild umzuhängen, um auf die Hungersnöte der Welt aufmerksam zu machen. Bis ich kapiere, dass ich falsch liege. Aber klar, Dicke haben Hunger, weltweit. Und Fred kämpft für die Abschaffung des Hungers der Dicken.

Ich gehe ins *Kaldi's*, eins der abgerisseneren Cafés in Louisiana. Obwohl New Orleans sich im bigottesten, stiernackigsten, judenfeindlichsten, homophobsten und innigst Schwarze verachtenden Bundesstaat Amerikas befindet, hat sich die Stadt selbst – dank ihrer internationalen Geschichte – ein gehöriges Maß an Frechheit und Toleranz bewahrt. Siehe die berüchtigte Bourbon Street, entlang derer die Schwulen ihre nackten Oberkörper und nachdrücklich rausgestreckten Unterleiber zelebrieren. Und wo die ehekujonierten Daddies – hundert Prozent heterosexuell und hochprozentig frustriert – einmal im Jahr hereinbrechen, um das zu tun, wovon sie den Rest der Zeit über heimlich und verbissen tagträumen: wildfremde, splitternackte Frauen anschauen, sich in dunklen Videokabinen entspannen und auf Hotelbetten die weit zurückgelassene Gemahlin betrügen.

Im *Kaldi's* sitzen die schiefsten Typen der Stadt, Poeten, Wünschelrutengänger, Tätowierer, totenstille Nachdenker, begnadete Stubenhocker, unberührbare Leser und die höflichen Schnorrer, die sich mit einer leichten Verbeugung vorstellen und um einen Beitrag bitten, um über den Tag zu kommen. Die Atmosphäre ist harmonisch, es fällt kaum ein lautes Wort. Ein weiteres Plus: Der Zugang zu den Steckdosen ist kostenlos, jeder, der vorbeikommt, darf seinen Laptop anschließen.

»*Kaldi*« ist das jemenitische Wort für Kaffee. Eine Ziege, so berichten die Märchenerzähler vor Ort, entdeckte das Getränk. Und das kam so: Einem Hirten fiel auf, wie eines seiner Zicklein nach Genuss einer bestimmten Staude hellwach, ja leicht übermütig wurde. So probierte er selbst die dunklen Kirschen und wurde selbst hellwach und übermütig. Zufälligerweise hatte ein Mönch die Szene beobachtet, pflückte die Bohnen und brachte sie ins Kloster. Und so erfuhren nun die Mönchlein die wundersame Wirkung. Ein Gottesgeschenk, denn jetzt konnten sie beten und beten und beten, ohne dabei einzuschlafen.

Marian spricht mich an, sie trägt einen Koffer mit Voodoo-Artikeln herum, Sachen, die genau in dieses Kaffeehaus passen. Ich erstehe eine *worry doll*, eine Sorgenpuppe. Das ist ein Säckchen, in das der Geplagte seinen Kummer packt und unters Kopfkissen legt. Über Nacht werden die Voodoo-Geister die Sorge entführen und verschwinden lassen.

Marian entpuppt sich als Sprudelfrau. Das sind all diejenigen Frauen, die schäumen und überlaufen: vor Weltwachheit, Neugierde und hektischer Freude am Leben. Die andere Hälfte der Menschheit nennt sie *complainers and stickers*, die maulen und klebenbleiben, also nichts unternehmen, damit das Maulen aufhört.

Nebenbei arbeitet Marian – brasilianisch dunkel, vielleicht fünfzig Jahre alt – als Voodoo-Priesterin. Die Begriffe *santería* und *voodoo* verlocken, ein für Weiße wohl unbegreifliches Gemenge aus Schrecken, afrikanischem Götterglauben und Katholizismus. Ich habe an mehreren Sitzungen in Kuba und Nigeria teilgenommen und keine Stunde bereut. Ob die angerufenen Heiligen tatsächlich existieren, ich werde es nie wissen. Viel mehr als alles andere blendete mich die Ästhetik des Spektakels, die lauernde Sinnlichkeit. Ich war kein einziges Mal von dem Wunsch geplagt, die Daseinsberechtigung von Voodoo bewiesen zu bekommen. Nichts scheint mir absurder als religiöse Rechthaber und die Besitzer von Gottesbeweisen. Theologische Streitgespräche? Herr, hilf!

Am Ende einer Séance übergab mir Priester und Santero Jaime einmal – in einem Landhaus vor Havanna, weit weg vom Zentrum der Macht, da Santería offiziell verboten war – einen Satz, den ihm sein Lieblingsgott Changó für mich überlassen hatte: »*Cuídate, la vida es bella y peligrosa.*« – »Sei auf der Hut, das Leben ist schön und gefährlich.« Ich mochte die pathetische Nachricht, ich bildete mir ein, alle Beteiligten seien hellhörig für die Schönheiten der Sprache. – Als Marian mich einlädt, abends zu ihr zu kommen, um gemeinsam nach den Göttern zu rufen, verspreche ich dreimal, dabeizusein.

Als ich um zweiundzwanzig Uhr eintreffe, scheint alles vorbereitet. Wie in so vielen Voodoo-Tempeln sieht es bei Marian aus wie in einem internationalen Devotionalienladen, alles und alle da, scheinbar wirr durcheinander, dicht gedrängt: Bilder und Statuen christlicher Heiliger, ein Dutzend Mal die Jungfrau Maria, eine Hundertschaft afrikanischer Schamanen, Orishas, Sucher und oberster Götter, Rosenkränze, ein See brennender Kerzen, ein Foto von Che Guevara neben dem blutenden Herz Jesu, sanfte Christbaum-Lämpchen dazwischen, Gläser mit Weihwasser und Parfums gefüllt, der Rauch der Räucherstäbchen, schwarze Puppen, glitzernde Münzen, Geldscheine, Nüsse, Reis, *Ginger Lilies*, Kruzifixe, der Duft von Kaffeebohnen, eine Bacardi-Flasche. Und in der Mitte des Raumes ein voll ausgebreitetes Leintuch, auf dem verschiedene Früchte liegen und eine Schale mit einer blauen Flüssigkeit steht. Sie soll das Meer darstellen, die Weite, den endlosen Raum, den Aufruf zur Toleranz.

Marian bittet mich, mein Hemd auszuziehen und auf dem weißen Tuch Platz zu nehmen. Was immer jetzt geschehe, ich solle ihr vertrauen, sie werde die wohlgesinnten Himmelskräfte anrufen. Wäre ich guten Willens, ich könnte unbeschadet von diesem Abend profitieren. Und wäre der einzige Profit ein bescheidener Zuwachs an Liebesfähigkeit.

Wir sind insgesamt fünf, außer uns beiden noch drei ihrer Mitarbeiter, zwei Männer, eine Frau, alle junge Musiker und Initiierte. Um mich zu entspannen, reicht mir Marian eine Tasse *Uva Ursi*, in die nächsten Tassen mischt sie etwas *wildrose*. Rotwein soll die Wirkung noch verstärken.

Dann legen die vier los. Aber wie. Nissim schlägt die Conga, Luis die Djembe, Nikki wirbelt die Glocken und Marian lüftet eine Decke, unter der zwei Riesenschlangen zum Vorschein kommen. Einen Python – Jambalaya, den männlichen – legt sie um meinen Hals, mit dem anderen – Erzule, dem weiblichen – tanzt sie. Während ich mir einbilde, das Zischen von Jambalaya an meinen Ohren zu vernehmen, und – trotz *Uva Ursi* und leichtem Dusel – nur darauf warte, dass er sich anschickt, mir den Brustkorb zu stauchen, lassen Nissim und Luis ihre Instrumente fallen und greifen nach Schwert und Machete, die gekreuzt vor mir liegen, und hauen drauflos, durchhauen Zentimeter neben dem Schlangenkopf und meinem Schädel die Luft, wirbeln um uns beide und versuchen nichts anderes, als die bösen Geister zu vertreiben. Angefeuert werden sie dabei von der glockenschlagenden, im Kreis rotierenden Nikki und der schlangenumarmenden, in den Himmel hinaufschreienden, mit Sprüngen von einem Ende des Zimmers ins andere jagenden Marian. Alle zusammen mobilisieren eine schweißtreibende Energie, die mir helfen soll loszulassen.

Aber ich lasse nicht los, die Angst vor Schwertern und Schlangen sitzt hartnäckig tief. Andererseits weiß ich um die Macht einer solch ekstatischen Umgebung, weiß aus Erfahrung, dass ich nicht unbegabt bin für Zustände, wo das Hirn wegfliegt und nichts dableibt als der euphorisierte Körper. Bis nach Mitternacht halten die Sprudelfrau und ihre Freunde durch. Bis der Tempel kocht, bis ich – dampfglänzend – in Trance falle, zu heulen beginne, noch mitbekomme, wie die vier nach meinem Leib greifen und ihn festhalten. Weil er jetzt rasant zu zucken anfängt und wohl durchaus die Gefahr besteht, dass er kopflos und unbeherrscht gegen irgendeinen nächsten Gegenstand schlägt. Dieser Augenblick – so glauben die Voodoo-Fans – ist die Stunde, in der die bösen Geister, wie die Missgunst und die Tücke, aus einem herausfahren.

Was weiß ich? Nur so viel: dass ich um drei Uhr morgens federleicht ein Taxi besteige. Und dass kein Teufel mich hindert, unbeschwert wie eine Ratte einzuschlafen. Aber ja, die Niederträchtigkeiten und schlechten Launen werden zurückkommen. Aber sie alle auf einmal loswerden – und wäre es nur für eine halbe Nacht – ist eine sensationelle Freude.

Vor Jahren verriet mir ein Freund, der die Hälfte seines Lebens im Ausland gelebt hatte: »Ich bin gern Fremder.« Kluge Bemerkung, denn Fremdsein – und wer ist fremder als ein Reisender? – macht das Leben verwundbarer, sprich intensiver. Jeder Augenblick destabilisiert, immer muss man sich neu arrangieren, für den täglichen Grind der Routine bleibt weniger Zeit. Die Gefahr, zweimal denselben Fehler zu machen, ist geringer. Die Chancen steigen, immer neue Irrtümer begehen zu dürfen. Das Herz verhornt langsamer, die Augen erblinden später, das Leben, das Wachsein dauern länger. Der Verstand, nicht täglich eingelullt von den ewig gleichen Bewegungen des Körpers, weigert sich trotzig, als Kleinhirn zu enden. Die fürchterliche Aussicht, als Massenartikel im Mainstream, als mutlose Null seine Zeit absitzen zu müssen, diese Aussicht holt den *outsider* – so lautet auch die englische Titelübersetzung von Camus' »Der Fremde« – kaum ein. Nichts scheint ihm selbstverständlich, er ist auf seltsame Weise dankbar. Er staunt oft, er besteht auf Überraschungen, er verfügt über das phantastische Privileg, sich nicht ununterbrochen rechtfertigen zu müssen.

So könnte es sein: Am schönsten ist Reisen. Und am zweitschönsten: der Griff zum Pass. Dieses Dokument als Metapher für Freiheit, für das Wissen, wieder fortgehen zu können. Reisen und weiterreisen, das wollte ich von Anfang an. So muss ein ewig Fremder leicht sein, sollte nicht viel Unbewegliches besitzen. Ein Traum, Geld für das auszugeben, was nicht verpflichtet, was nicht aufbewahrt, abgestaubt, versichert, untergestellt, weggeräumt und nachbehandelt werden muss. Wie ein Flugticket, wie Zeitungen, Hotelzimmer, Dinner mit Freunden, Taxifahrten, den zuverlässigen Service einer Wäscherei, sprich: Geld hinlegen für das eminent beruhigende Gefühl, keine Waschmaschine kaufen zu müssen, eben nichts haben zu wollen, was plump dasteht und ordinäre Haushaltsgeräusche produziert.

An meinem dritten Abend in New Orleans begegne ich wieder der Polizei. Und diesmal bin ich es, der sie aufsucht. Eine herausfordernde Stadt. Als ich um ein Uhr nachts zu meiner Pension zurückkehre, bemerke ich vor meiner Tür, die direkt auf die Straße hinausgeht, dass ich meinen Schlüssel vergessen habe. Rufe vor dem Haupteingang bleiben unbeantwortet. Ich wohne in einer Billigunterkunft, das Bezahlen eines Portiers nach Mitternacht wäre zu teuer. Als ich am Fenster des Nebenzimmers klopfe – der Nachbar und ich teilen die Dusche –, beginnt ein Intensivkurs in Sachen amerikanische Gesellschaft: »*What the fuck you want?*«, schallt es mir entgegen. Nicht unfreundlich, eher ängstlich. Denn um diese Uhrzeit melden sich nur Nutten oder Killer. Da er eine männliche Stimme vernimmt, muss ich der Killer sein.

Ich versuche ihn zu überzeugen, dass ich heute Abend keine Leiche brauche, sondern ein Bett. Ob er so liebenswürdig wäre, durchs Bad in mein Zimmer zu gehen, um mir von innen zu öffnen. Ich nenne meinen Namen, er stünde – leicht nachprüfbar – auf meinem Rucksack.

Meine Strategie erweist sich als eindeutig falsch, wahrscheinlich hält mich der Mensch jetzt für einen Wahnsinnigen, einen wahnsinnigen Killer: »*Are you gone nuts?*«, ist die korrekte Antwort, denn nur Verrückte können glauben, dass ein Wildfremder einem anderen Wildfremden in diesem Land zu nachtschlafender Zeit die Tür öffnet.

So kommen wir nicht vom Fleck. Ich eile zurück ins Zentrum und suche eine Polizeistation. Auch hier legt man Wert auf Sicherheitsabstand. Nur durch eine Sprechanlage darf ich mein Anliegen vortragen. Das klappt. Nachdem Officer Ted T. den Fahrersitz bis zum Anschlag zurückgeschoben und die Rückenlehne quasi flachgestellt hat, um vollständig hinters Lenkrad rollen zu können, fahren wir zu meiner Unterkunft. Der Dicke ist fix: Er bellt zweimal durch die Tür meines Nachbarn, informiert ihn darüber, dass die Polizei da ist, und wirft die Sirene an. Fünf Minuten später liege ich in meinem Bett. Nicht ohne mich bei demjenigen entschuldigt zu haben, der mich für seinen Mörder hielt.

Unbeschwert schlafe ich ein. Kleine Absteigen waren schon immer gut für eine Überraschung. Einmal fragte ich den Rezeptionschef des irrwitzig teuersten Hotels, in dem ich je abstieg – 564 Dollar für 24 Stunden, bezahlt vom Arbeitgeber –, was seine wichtigste Aufgabe sei. Und der feine Herr antwortete schlicht: »*To keep you away from trouble.*« So besaß ich drei Tage lang fünf Waschbecken, 29 Lichtquellen und drei Kloschüsseln. Und sonst nichts. Nicht eine einzige Aufregung, die ich auf den zweihundert zur Verfügung stehenden Briefpapierbogen jemandem hätte mitteilen können. Anders eben in 40-Dollar-Buden.

BATON ROUGE

Als ich am nächsten Morgen aufwache, weiß ich seit langem, dass es ein Jubiläum zu feiern gibt. Heute vor genau zehn Jahren wurde der Welt berühmtester, gebeuteltster und leidenschaftlichster Fernseh-Evangelist, Plattenmillionär und christliche Prediger Jimmy Swaggart beim Penetrieren einer Hure erwischt.

Der heute Zweiundsechzigjährige vertritt wie nicht viele andere den Prototyp des Südstaatlers: sein Charme, seine Energie, seine Großzügigkeit, die obszöne Heuchelei, der fürchterliche Kampf zwischen seinem Kopf, der Gott wohlgefallen will, und seinem Leib, der gefährdet von satanischer Lust schier unaufhaltsam auf die Pforten der Hölle zurennt. Gottesmann Swaggart hat im Lauf seiner langen Karriere keinen menschlichen Körperteil übersehen, hat jeden einzelnen mündlich und schriftlich in den Dreck gezogen und ihn mit dem unabwaschbaren Gift von Schuld und Sünde besudelt. Jeden, der nicht lebte wie er – genauer: wie er angeblich lebte –, schickte er zum Teufel: die Juden, die Rockmusiker, die Homosexuellen, die Masturbanten, die Tänzer, die Ehebrecher, die Kommunisten, die Anhänger Darwins, die Abtreiber – alle Gottlosen eben. Und Gott war weiß. Und Swaggart war sein Prophet.

Bis zum 17. Oktober 1987 schien nichts seine himmelstürmende Karriere – gefüllte Stadien weltweit, Fernsehstationen weltweit, Opferstöcke – sprich: Bankkonten – weltweit – aufzuhalten. Das war der Tag, an dem ein Konkurrenzprediger den Heiligen in einem schmierigen Motel am Rande von New Orleans mit einer Hure ertappte. Die Story ging durch die Weltpresse. Mit diebischer Freude und grandioser Geschmacklosigkeit hat *Penthouse* – selbst betroffen von Swaggarts Tiraden gegen Pornographie – die Lieblingspositionen des Predigers mit der Prostituierten Debra M. nachgestellt, fotografiert und veröffentlicht. Dass Jimmy auch öfters als geübter Onanist vorbeischaute, sollte nicht mehr überraschen. Ansonsten war – Originalton Debra – *doggy style* angesagt: von hinten.

Mit dem nächsten Greyhound fahre ich nach Baton Rouge, zwei Busstunden vom *Travel Inn*, dem infamen Puffhotel, entfernt. Seit dreißig Jahren steht in der Hauptstadt Louisianas die Zentrale der *Jimmy Swaggart Ministries*. Der Mann predigt noch immer. Obwohl er wieder hinter einer Hure kniete und wieder dabei erwischt wurde.

Sonntags, kurz vor zehn, betrete ich sein hauseigenes, rundes und riesiges *Family Worship Center*. Wie jede Woche wird hier um diese Zeit ein Gottesdienst, sagen wir, ein Swaggart-Spektakel, abgefeiert. Im *Bookstore* gibt es christliche Kaffeetassen, Einlegbildchen für Gesangbücher, bunte T-Shirts, Baseballmützen und des Meisters gerade letzterschienenes Werk zur endgültigen Bibelexegese.

Das alles ist ödes Vorspiel. Schlag zehn zieht der Chor in Form von 32 erwachsenen Engelein im Nachthemd und mit steifer Halskrause auf die Altarbühne, greifen sieben Musiker in die Instrumente, stimmen sich vier Vorsänger ein, laufen fünf Fernsehkameras, kündigt Donnie, der Sohnemann, Jimmy, seinen Vater und Alleinbesitzer des Zirkus, an. Und Jimmy – groß, blond, energisch – reißt uns alle hin mit seiner vom ewiglichen Lobsingen des Herrn veloursssanft geölten Stimme, jubelt hinauf in den strahlend blauen Himmel Louisianas: »*I came to praise the Lord.*«

Ein starker Typ, einer, der nicht loslässt. Seit er öffentlich um Verzeihung für seine Ehebrüche und onanistischen Ausrutscher gewimmert hat, scheint sich sein Multikonzern (Kirche, Bibelschule, Radio, Fernsehen, Verlag, Immobilien) wieder zu erholen. Langsam. Das kontinuierliche Eintreffen praller Geldsäcke – Spendengelder – lässt noch auf sich warten. Der Schock der christlichen Schafe über Jimmy, ihren hurenden Hirten, sitzt.

Wie belanglos, Swaggart ist ein Weltwunder, ein exorbitantes Showtalent, ein gottbegnadeter Scheinheiliger, der jeden Cent wert ist, den er abzockt. Er kennt die Regeln des Showbiz und er spielt sie perfekt. Wer auf ihn hereinfällt, dem ist hienieden nicht mehr zu helfen.

Nach dem Halleluja-Jubel, mit dem der Herr sieben Strophen lang bejubelt und belobt wurde, ist Zeit für Erlösung. Swaggart bittet all diejenigen, die Jesus von Drogen und Alkohol erlöst hat, nach vorn zu kommen. Und alle ehemaligen Junkies und Säufer erheben sich von ihren Bänken, schreiten ergriffen, schniefend und jaulend Richtung Altar, wo sie Louisianas erster Handaufleger mit seinen Hiwis erwartet, um ihnen das Haupt zu bedecken: das eindeutige Zeichen, dass der Heilige Geist augenblicklich herniederkommt. Während nun die einen noch schniefen und jaulen, sind die anderen schon einen Schritt weiter, keuchen und lallen und reden in Zungen, blubbern und glucksen vor Glück und Dankbarkeit. Hat jeder sich hingegeben, sollen sich alle umdrehen: hin zu denen, die – deprimiert auf ihren Sitzen kauernd – der Herr noch nicht erlöst hat. Darunter fallen auch die Fresssüchtigen, denn wahre Fleischtonnen tummeln sich unter uns. Und alle sollen laut klatschen (»*give Jesus a hand*«), damit der Herr sich auch wirklich aller Unerlösten annimmt.

Und wieder Singen, Jauchzen und Frohlocken, wieder die vollen Akkorde, wieder diese herzwärmende schwarze Gospelmusik. Bis Swaggart, schweißüberströmt und nun endgültig bereit für theatralische Höchstleistungen, zum Mikrofon greift und die Predigt liefert, heute über Kapitel 16 des Johannes-Evangeliums: »... Wenn aber der Tröster kommen wird ... der Geist der Wahrheit ... der wird zeugen von mir.«

Swaggart weiß seit Urzeiten, dass unkommentierte Bibelsprüche auf den Tod langweilen. Dass sie erst Leben bekommen, wenn man sie übersetzt, mit Worten aus dem jetzigen Alltag deutet. Und Jimmy – wie alle Poeten um das Geheimnis der Metapher wissend – beherrscht diese Kunst, die Kunst der Anekdote und der Allegorie, aus dem Effeff.

Hier die wunderlichste, die wunderbar klarste, die wunderbar schwachsinnigste des heutigen Vormittags. Sie fängt an mit: »Heute morgen begegnete ich Jesus auf der Interstate 10.« Und das kam so: Kurz zuvor war ihm, Jimmy, dem Mercedesfahrer, auf dem Weg zum *Family Worship Center* ein anderer Wagen mit hoher Geschwindigkeit auf seiner Seite entgegengekommen. Und da keine Zeit mehr war zu beten – er gibt zu, selbst zu schnell unterwegs gewesen zu sein –, wäre Jesus, ungebeten, eingesprungen: Im letzten, aber wirklich letzten Augenblick habe der Geisterfahrer das Steuer herumgerissen. Die Moral? Jesus ist der allgegenwärtige Tröster, der immer aushilft, auch dem Sünder, auch Jimmy Swaggart, dem Raser.

Und warum verhinderte Jesus eine Katastrophe? Ach, so einfach: »Weil der Herr schon vor zehntausend Jahren wusste, dass er hier und heute in Baton Rouge, an diesem Sonntag, auf der Interstate 10 um 9.37 Uhr eingreifen muss. Und er griff ein.«

Noch vier weitere Geschichten erzählt uns Jimmy. Schöne, besinnliche, alle vom Herrgott, der schon seit langem alles weiß. Erzählt, bis irgendwann die hellen Eimer herumgehen, in die hinein die Gläubigen ihren Zehnten und ihre Gaben, sprich: Bares, Mastercard-Voucher und Schecks, deponieren. Und bis uns Jimmy Swaggart, beinahe so berühmt und verrufen wie sein genialer Cousin Jerry Lee Lewis, noch zuruft, dass nur die Gläubigen der *Pentecoastal Church*, seiner Kirche, den Garten Eden betreten würden. Denn sie, so forderte es Johannes der Täufer, sind mit Wasser getauft worden. Die Wasserlosen aber, ja, die hätten nichts zu lachen. 12.17 Uhr, die letzten Weinkrämpfe himmlischer Ekstase verebben, letztes Stammeln und Greinen. Ende.

Fast. Als Swaggart durch eine Seitentür verschwindet, eile ich nach vorne und bitte einen der uniformierten Platzanweiser, mich ihm vorzustellen. Schon vor Beginn hatte ich im *Bookstore* seine Autobiographie »*To Cross the River*« erstanden. Das klappt, Swaggart zeigt sich jovial. Als er mit routinierter Freundlichkeit eine Widmung »*To Andreas in Christ*« hineinschreibt, merke ich, dass er sich nicht an mich erinnert. Vor Jahren war ich bereits hier und fragte, ob ich ihn mit einem erdrückenden Problem belasten dürfe. »Natürlich«, hatte Jimmy geantwortet. Und mühselig presste ich heraus: »Mister Swaggart, sorry, aber ich muss dauernd an nackte Frauen denken. Können Sie mir helfen?« Und Jimmy versuchte es, legte mir die rechte Hand auf den Kopf, legte die andere um meine Schultern und flüsterte unschlagbar ölig: »Lass uns beten. Auf dass der Heilige Geist diese Gedanken in die Hölle fahren lässt und auf dass er Wache hält, damit diese höllischen Gedanken nie mehr zurückkehren.«

Zwölfhundertvierzehn Tage später gilt dieser Rettungsversuch als gescheitert. Ich beichte alles: Nicht ein Gedanke voller Fleischeslust fuhr in die Hölle. Deshalb stünde ich heute wieder vor ihm. Ob er mir noch einmal Beistand leisten könne? Und wieder ist Jimmy bereit, mich zu retten. Nicht ohne vorher zu fragen, ob ich mich Jesus auch vollständig übergeben hätte. So legt er seine großen, warmen Hände auf mein nickendes Haupt und ruft gleichzeitig nach David, dem Chef-Platzanweiser, um den Ruf nach Hilfe zu verstärken. Offensichtlich bin ich ein Fall für zwei.

Und Jimmy balsamt wie kein zweiter. Mitten auf dem Gang, zwischen Büro und Toilette, fleht er einmal mehr nach Jesus, um mir heute endgültig die virtuelle Vielweiberei auszutreiben. »Damit nicht Satan das Regiment über Andreas übernimmt.« Und David hält meinen rechten Arm fest, übernimmt fehlerlos die Zweitstimme und wispert rhythmisch und abwechselnd »*Hallelujah*« und »*Jesus, be good to Andreas*«. Ich schließe ergriffen die Augen und drücke das signierte Buch an mein Herz. Fast fünf Minuten lang darf ich diese fehlerlos inszenierte Hanswurstiade genießen, dann liegen vier Hände auf meinem sündigen Kopf und ich bin entlassen. Nicht ohne versprechen zu müssen, mich auf immer Jesus zu übergeben. Und nicht nachzugeben im Kampf gegen den Teufel in meinem Hirn.

Wieder draußen im sonnenheißen Baton Rouge, bin ich, nach einem herzlichen Abschied, um zwei, drei Erfahrungen reicher: dass Jimmy Swaggart ein feiner Kerl ist, sicherlich ein Trottel; aber kein Verächter, kein Hasser, kein zynischer Abräumer. Er glaubt den grausamen Blödsinn tatsächlich. Und dass der Herr – nehmen wir mal an, es gibt einen Herrn – ihn auserkoren hat, diesen Nonsens zu verbreiten, glaubt er auch. Sein vehementer Drang, anderen gutzutun, ihnen den rechten Weg zu weisen, ist unbestritten. Selbst wenn er sich von einem Holzweg auf den anderen verirrt. Was bei ihm am stärksten auffällt, ist diese abseitige Sucht nach Reinheit, nach Gottgefälligkeit und ähnlichen Narreteien einer so maßlosen und unmenschlichen Religion. So packen mich nicht die leisesten Skrupel, wenn ich meine offizielle Identität verleugne und einen beschämten Sünder vorspiele. Das ist ein Spiel, das ich in den verschiedensten Rollen gern spiele. Selten bin ich als offizieller Reporter unterwegs. Denn ich bin überzeugt, dass die Wahrheit Angst hat und sich versteckt. Weil sie genau weiß, was sie anrichten kann, käme sie heraus. Man muss lügen, um sie aufzustöbern.

NUEVO LAREDO

Einen ganzen Tag Busfahren steht bevor, die Aussicht macht froh. Ich will schauen, lesen, zuhören. Am Rand von Baton Rouge geht es über den Mississippi, einst märchenstill versunken, heute plärrend laut und gesäumt von auf antik-alt getrimmten Dampfern, untauglich als Fortbewegungsmittel, nur noch tauglich für dümpelnde Casinos. Auf dass kein Flecken Erde übrigbleibt, wo *King Cash* nicht willkommen wäre.

Nach dem Mississippi fällt mir nichts ein zur hübschen Landschaft. Geländebeschreibungen ermüden. Was soll das? Was soll der Hinweis, dass die Hügel grün sind und die Brücken aus Eisen? So erhellend wie die Nachricht, dass der Fahrer zwei Ohren hat. Als wir nach Texas kommen, beflügelt den von Raumnot und Enge gestutzten Europäer die texanische Tiefenschärfe. Ein Land wie ein auf die Erde genageltes Brett. Und an allen vier Seiten der

Anfang eines texasblauen Himmels. Seltsamerweise bekomme ich hier in einer Raststätte eine Tasse Kaffee, die in etwa den Maßen der Alten Welt entspricht: also drei *ounces*, knapp hundert Gramm, und nicht halbe Liter.

Dafür entspricht die Lektüre des *Houston Chronicle* wieder ganz der Größenordnung im Wilden Westen. Ich schäme mich, aber während der nächsten fünf Minuten muss ich mindestens fünfmal lachen. Amerikanische Zeitungen berichten eben über Zahlen und Tatsachen, die Nicht-Amis überfordern.

Wie anders reagieren, wenn man eine Überschrift wie »*Six killed in Cut and Shoot*« liest? In »Stechen und Schießen«, so heißt das Kaff tatsächlich, wurden sechs Personen umgelegt. Das ist todernst und wahnsinnig komisch.

Die Titelgeschichte »*Tracing the Terror*« ist noch todernster und noch witziger. In dem sauber dokumentierten Bericht geht es um die rasante Blutspur, die der freie Waffenhandel seit Jahrzehnten kreuz und quer durch die USA zieht. In den allermeisten Bundesstaaten genügt das Vorzeigen eines Personalausweises und das Ausfüllen eines Formulars, in dem der Käufer bestätigt, dass er nicht vorbestraft ist. Dann darf er seine Flinten und Munitionskisten einpacken und nach Hause fahren. Die Opfer wussten es. Und die Lebenden wissen es noch immer: dass die Mehrzahl der Mordinstrumente legal gekauft wurde. Und dass sie früher oder später – eher früher – in falsche Hände geraten. Die siebzehnjährige Mörderin Evan Jean Lopess wird zitiert: »*A gun is as easy to get as a pack of cigarettes.*« Wie recht sie hat. Nachwort: Vor Tagen stand ich an der Kasse eines Supermarkts. Ein Schild wies darauf hin, dass Zigaretten nicht an Personen unter 27 Jahren verkauft werden. Im nahen *Gun Shop*, so erfuhr ich, darf sich einer bereits mit 21 eine 12 ga Pump Remington, acht Schuss, einpacken lassen. Erst hinterher begriff ich, dass die örtliche Gesetzgebung auf urkomische Weise in sich logisch ist. Denn noch immer – selbst in den Staaten – ist die Gefahr, an Lungenkrebs zu sterben, häufiger als die Aussicht, durch einen Lungenschuss zu verenden. Man könnte nun annehmen, dass ein Ochse die richtige Schlussfolgerung zöge: striktes Verkaufsverbot, Ausnahmen nur in dringendsten Fällen.

Nicht in einem Land, in dem der größte und mächtigste Club aller legalen Revolverhelden herrscht, die *National Rifle Association*. Und nicht, solange scharfsinnige Denker wie Charlton Heston als Präsidenten dieser von Rednecks, Ballermännern und sonstigen Intelligenzbestien durchsetzten Organisation fungieren. Sogar der kümmerliche Versuch des Gesetzgebers, eine verschließbare Abzugssperre zu verlangen, um das Über-den-Haufen-Schießen um Sekunden zu verzögern, wird rabiat bekämpft. Charlton Heston, einstmals göttlicher Schauspieler und seit längerem im Würgegriff einer gemeinen *senilitas praecox*, lässt die Welt wissen, »... dass dieser Gesetzentwurf ein Werk des Teufels ist, denn« – und jetzt holt Moses Heston mit allen zehn Geboten aus – »eines der fundamentalsten Menschenrechte ist das Recht auf Waffenbesitz«. So was Ähnliches muss George Bernard Shaw schon einmal gehört haben, als er notierte: »Alte Männer sind gefährlich, sie haben keine Zukunft.«

Drei Reihen hinter mir sitzt ein Asiate. Ein geradezu züchtiges Bild: still, klein, schmal, nicht essend, nicht trinkend, ohne Walkman, nur ein Bündel als Gepäck. So ein Anderssein verführt. Sambath, ein dreißigjähriger Kambodschaner, erlaubt mir, neben ihm Platz zu nehmen. Behutsam setze ich ihm zu, damit er von sich erzählt. Nach jedem zweiten Satz muss ich ihn wieder überreden. Sambath ist scheu. Und dafür gibt es Gründe.

Im Herbst 1975 flieht er mit seinen Eltern und seinem jüngeren

Bruder Thou vor den metzelnden Truppen Pol Pots nach Thailand. Kurz vor der Grenze trennen sie sich. Drei fliehen nach Süden, der Vater versucht aus Sicherheitsgründen, weiter im Norden die Grenze zu passieren. Die Mutter und die zwei Kinder schaffen es, der Vater schafft es nicht, er vegetiert vier Jahre lang in den Wäldern des Grenzgebiets. Als die Vietnamesen einmarschieren, kann er zurück in sein Dorf. Sambath, Thou und Mutter Khom überleben vierzehn Jahre im Camp Zong. Zuerst bekommen sie nur ein paar Plastikbahnen, nach Monaten wird Holz geliefert, sie bauen sich eine Hütte. Knapp 350 andere Flüchtlinge sind mit ihnen interniert. Ständiger Hunger nagt, manchmal schaffen sie es, heimlich zu verschwinden und zu fischen, oft werden sie von den Wachtposten ins Lager zurückgeprügelt. Nach zwei Jahren wird die Nahrung besser, das Rote Kreuz kann regelmäßig liefern. Die Schulen fangen an zu funktionieren.

Sommer 1989 dürfen sie in die Staaten auswandern, sie kommen nach Colorado, werden neunzig Tage lang mit Wohnung, Essen und Sprachunterricht versorgt. Sambath findet einen Job und arbeitet auf dem Flughafen in Denver, wo er die Sitze und Toiletten der Flugzeuge für 6,25 US$ die Stunde reinigt. Mutter und Bruder ziehen nach St. Petersburg, Florida, wo sie in einer Fischfabrik unterkommen. Hier liegt der Stundenlohn bei 5,50 US$. Jetzt sitzt Sambath neben mir, weil er versuchte, ebenfalls in St. Petersburg Arbeit zu finden. Ohne Erfolg, da er kein Auto besitzt. So fährt er wieder zurück nach Colorado, wo sich inzwischen viele Kambodschaner niedergelassen haben. Hier stehen die Chancen besser.

Er muss sparen. Alle drei sparen. Das Rote Kreuz hat inzwischen den Vater ausfindig gemacht, der sich noch immer in Kambodscha aufhält. Über tausend Dollar haben sie schon, über viertausend brauchen sie, um die Unkosten seiner Übersiedlung nach

Amerika zu finanzieren. An eine Rückkehr nach Asien will Sambath nicht glauben, der letzte Staatsstreich Hun Sens hat sie alle nur bestärkt: dass in seinem Land für lange Zeit kein Frieden vorgesehen ist.

Mit der Geduld eines Bodhisattvas beantwortet er meine Fragen, Englischreden strengt ihn an, der Klang der Wörter scheint Lichtjahre von seinem Sprachempfinden entfernt zu sein. Sein Verhältnis zu den Amerikanern? »*Soso.*« Man kann nur ahnen, wie weit seine frühere Welt von der jetzigen entfernt ist. Aber er spüre keine Gehässigkeit, eher stummes Staunen und Fremdsein. Und er ist dankbar.

Hat er *Killing Fields* gesehen? Ja. Und? »*Not bad, but much more.*« *Much more killing, much more.* Sambath weiß auch, dass Haing S. Ngor, der die Schlachtfelder Kambodschas überlebte und seine eigene Lebensgeschichte in dem oscarprämierten Film nachspielte, vor nicht allzu langer Zeit in Los Angeles erschossen wurde. Niedergestreckt von einem jugendlichen Killer. Wegen eines Medaillons aus Gold, das ein Foto seiner Frau einfasste. Welche Ironie: Das Andenken, sagte Ngor einmal, trug ihn über die Abgründe in die Freiheit. Um nun genau dafür zu sterben.

Seit wir wieder von Pol Pot reden, schaut Sambath zum Fenster hinaus, nicht ein Mal blickt er mich an. Seine Stimme wird noch abwesender, mit der einen Hand hält er die andere fest. Sein feingeschnittenes Gesicht wird zum Pokerface, es soll ihm wohl helfen, seine Erinnerungen zu verstecken. Schon möglich, dass ich mich täusche, aber mir scheint, dass er den Horizont unbewusst nach Feindbewegungen absucht. Im Lager gab es keine Sicherheit. Dass die Roten Khmer die Grenze überrennen würden, war unwahrscheinlich. Aber Artilleriefeuer kam viele Tage und viele Nächte. Er hat, sagt er, als Kind mehr Leichen als Lebende gesehen.

Sambath kennt auch das Interview mit Pol Pot, das der amerikanische Journalist Nate Thayer veröffentlichte. »Ich habe ein reines Gewissen«, so resümierte der Schlächter seine Hinterlassenschaft. »*Any comment?*« frage ich Sambath, einen, der davonkam, einen, der heute nicht als Totenschädel in einer Gedenkstätte in seinem Land herumliegt. »*No comment.*« Noch immer blickt er hinaus nach Texas.

Um halb zwei Uhr nachmittags erreichen wir Houston, unsere Wege trennen sich. Ich sehe ihn durch das Terminal auf den Ausgang zulaufen, kaum ist er draußen, steckt er sich eine Zigarette an, inhaliert tief und hastig. Meine Einladung zum Kaffee lehnt er ab: »*Sorry, very sorry, I must smoke.*«

So sitze ich allein. Mein Tischnachbar in der Snackbar hat seinen tragbaren Fernseher aufgestellt. Man sieht einen Bericht von der größten Touristenattraktion der Welt, dem Mickey-Mouse-Imperium in Orlando, Florida. Erwähnenswert vielleicht die Einstellung auf einen Pianisten, der in einer der Imbissstuben aufspielt. Er kann alles auswendig, denn da, wo normalerweise die Notenblätter stehen, hängt ein Spiegel. So könnte sie aussehen, die Hölle: in Disney World Klavier spielen und dabei in einen rosa Spiegel schauen müssen. Minuten zuvor hörte ich die Geschichte des Kambodschaners Sambath. Er gelangte durch einen anderen Eingang in den Orkus. Für den dicken Pianisten und den dünnen Flüchtling passt ein Wort von Sartre, der glatt behauptet, dass Himmel und Hölle sich nicht oben und nicht unten befinden, sondern immer auf Erden, immer mitten unter uns.

Houston sieht aus wie Dallas. Oder sieht Dallas so aus wie Houston? Wer könnte das schon mit Bestimmtheit sagen? Als der Bus nach kurzem Aufenthalt Richtung Westen die Innenstadt durchquert und mein Blick wieder kaputtgeht beim Hinschauen auf den 5436 Quadratmeilen riesigen Verhau von

Cowboy-Architektur und Ölmillionärsprotz, denke ich noch immer an Sambath. Hat jemand ein Leben wie er hinter sich, dann relativieren sich selbst die Geschmacksnerven. Dann strahlen sogar Houston-Fassaden wie die von *Texas Assurance* und der Eingang zum *American Funeral Service Museum* noch Zeichen von Menschenfreundlichkeit aus.

Für kurze Zeit sitzt ein hübscher Mensch aus Indien neben mir. Ruby studiert in Phoenix Wirtschaft. Nach dem Studium will sie zurück nach Kalkutta, um dort mit anzupacken. Der coole Optimismus der Fünfundzwanzigjährigen, den dreihundert Jahre alten Schutt in der bengalischen Hauptstadt wegzuräumen, hat etwas Herzerwärmendes. Bevor sie aussteigt, bitte ich sie, mir meine *pulsera* – einen gewebten Glücksbringer, den man um seinen Puls trägt – festzubinden. Er sei lose und ihn allein zuschnüren schier unmöglich. Und sie fragt, wie nur eine Frau fragen kann, die in einem Land aufgewachsen ist, das wie keines je der Magie und der Phantasie verfallen ist: »*Shall I make a flower?*« Aber ja doch, mach keinen Knoten, binde mir eine Blume.

Kurz nach zehn Uhr abends bin ich in Laredo, direkt an der Grenze. Bisweilen löst das Ankommen in einer fremden Stadt ein berauschendes Gefühl aus. Das Gefühl, dass alles möglich ist. O.K., nicht alles, aber viel. Am innigsten dann, wenn der Kleinmut weggeht und Vertrauen strömt. Wenn nichts bleibt als die Erkenntnis, dass nichts misslingen wird. Das so Widersprüchliche daran: Die Beklemmung vorher muss sein. Sie zu überwinden ist der Preis für das Gefühl der Euphorie.

Ich überquere den *Puente International* nach Nuevo Laredo, der ersten Stadt jenseits des Rio Grande. Schon auf der Brücke beginnt die »Dritte Welt«. Zehnjährige Knirpse bieten sich an, mein Gepäck für ein paar Pesos zu tragen. Tagsüber schleppen sie übervolle Einkaufstüten von Amerika nach Mexiko. Zweihundert Meter im Land begrüßt mich die *Policía National.* Im hellen Mondlicht, unterstützt von einer starken Taschenlampe, soll ich meinen Rucksack ausleeren. Sie halten mich für einen Drogenkurier. Nur Trunksucht kann diesen Verdacht rechtfertigen. Denn derjenige, der Rauschgift von Nord nach Süd schmuggelt, muss noch verhaftet werden.

Da ich längere Zeit in Mexiko gelebt habe, bin ich ein wenig mit den Spielregeln vertraut. Ich vermute, es lief so: Sie sahen mich kommen und dachten, das wäre der rechte Augenblick, um eine *mordida,* einen Biss, ein Bakschisch zu kassieren. Die Drogen waren nur Vorwand. Irgendwie hofften sie beim Auspacken meines Hab und Guts einen gerisseneren Vorwand zu finden, um mich zur Herausgabe von Pesoscheinen zu überreden. Leider nicht, ich reise als Minimalist, nichts erweist sich als unergiebiger als schmutzige Hemdkragen, gebrauchte Zahnbürsten und ein drei Jahre alter Macintosh. Wir packen wieder ein und verabschieden uns herzlich. *No hard feelings.* Nach nochmals zweihundert Metern finde ich die *Pensión Fiesta,* eine bescheidene Unterkunft mit nur drei Kakerlaken und – Weltneuheit – einem kostenlosen Wäscheservice. Der Hoteltipp kam von den Bullen. Mit einem Dankgebet schlafe ich ein.

Zwei Nächte und einen Tag lang, so habe ich mir vorgenommen, will ich mich vom Reisen durch die erste Supermacht im Universum erholen. So viele Superlative strengen an. Hier ist es stiller, die lungernden Schuhputzer, die freiberuflichen Autowäscher und ambulanten Teppichverkäufer produzieren weniger Lärm. Der einzige, der lärmt, ist der Bischof. Beim Frühstück lese ich in der Zeitung von Juan Sanchez Iñiguez, der sich lautstark darüber echauffiert, dass der Gesundheitsminister Anzeigen im mexikanischen Fernsehen finanziert, um den Gebrauch von Kondomen zu propagieren: im Kampf gegen eine inflationäre Zahl von Teenie-Müttern. Sprich: Vierzehnjährige, die ihre erste Schwangerschaft antreten, ohne vorher das Wort Schwangerschaft gehört zu haben. Und im Kampf gegen Aids.

Der Herr Bischof sieht das anders. Abgesehen davon, dass der Gebrauch von Präservativen zu schamloser Unzucht führe, verführe er zur Männerliebe – »*el induce a la homosexualidad*«. Die Bibel sagt: »*¡No fornicarás!*« – du sollst nicht herumhuren. Als Alternative lädt der Gottesmann uns ins »Königreich der Keuschheit« ein.

Um ein Haar wäre ich an diesem Dienstagvormittag königlich und züchtig geworden. Hätte nicht eine Fünfzeilennotiz unter der Überschrift »*Pelea en la Zona de la Tolerancia*«, Rauferei in der Toleranzzone, meine Aufmerksamkeit erregt. Ich erkundige mich beim Wirt und erfahre, dass es sich um den Rotlichtbezirk von Nuevo Laredo handelt, um ein großes Areal am Stadtrand, wo tolerante Damen notleidende Herren empfangen.

Ich mag diese kleine Brüderlichkeit unter Männern, wenn einer den anderen nach einem Ort fragt, wo es Sex auszuhandeln gibt. Keine Moralpredigten, kein beschämtes Abwinken, kein scheinheiliges Nichtwissen, einfach lächeln und den kürzesten Weg weisen. Oder zur richtigen Bushaltestelle bringen. Und noch einmal hupen, Zeichen von Mitfreude und den besten Wünschen für ein gutes Gelingen.

Ich bin nicht in Eile, ich wandere die letzten fünf Kilometer. Gehen ist eine der effizientesten Fortbewegungsarten, um sich auf ein sinnliches Milieu einzustellen. Im Stadtviertel Mirador ist das Ziel nicht mehr zu übersehen. Eine mannshohe Ziegelmauer umgibt das sündige Viereck, zweihundert Meter lang und zweihundert Meter breit, rechts am Eingang eine Wachstube für drei Ordnungshüter. Damit nichts ausufert, nicht die Raufereien, nicht die Wogen der Lust.

An den Mauern entlang stehen die Flachbauten mit den Zimmern der Mädchen. Dazwischen die Bars, die Kaschemmen, die Nachtclubs mit so wilden Namen wie *El Cielo de la Muerte, Le Rat Mort, Golden Palace, Corpus Christy* (sic) und *Climax Disco.* Eine entspannte Atmosphäre herrscht. Die Strahlen der späten Nachmittagssonne reflektieren im Chrom verbeulter Jukeboxen. Enrique Iglesias – für trällernden Kitsch ebenso begabt wie sein Vater Julio – schluchzt »*Tu eres indesclasable*«.

Eine eigene Schneiderei stichelt für die Berufstätigen vor Ort die maßgeschneiderte Garderobe zum Ausziehen. Hinter jeder Tür steht ein kleiner Altar mit brennenden Kerzen, der Jungfrau im Himmel gewidmet. Andere Jungfrauen sind augenblicklich nicht in Sicht. Ein Korb voller Münzen steht davor. Die eine soll vor den Missgünsten des Lebens schützen, die anderen, die Pesos, gelten als Katalysator. Geld zieht Geld an. In den achtzig Fernsehern läuft gerade die vierte Telenovela des Tages, eine jener Serien, die dem mexikanischen Volk vom zweihundertteiligen Schicksal steil toupierter Ehefrauen berichten, die sich heimlich und entschlossen mit prachtvoll gebauten Jünglingen treffen: Zuspruch und Sinnestaumel suchend, was die reich und unansehnlich gewordenen Gatten schon längere Zeit nicht mehr liefern. Momentan ist »*Rosa salvaje*«, die heißblütige Rosa, unterwegs.

Laue, friedliche Stimmung. Streunende Katzen und Hunde, ein warmer Wind treibt kleine Staubwirbel vorbei, der leicht violette Himmel passt nun zum sanften Rot der Lampen über den Fenstern. Ein Sonnenuntergang in einem Freilichtpuff stimmt milde und versöhnlich. Eine lange Arbeitsnacht beginnt.

Blick auf Männer, die sich in Hinterzimmern treffen. Andere, die genauso schweigsam an der Bar sitzen. Selten fällt ein Wort. Das hat Poesie, einsame Männer und Väter, die vor dem Sex drei Stunden lang Billard spielen und nichts sagen. Weil es nichts mehr zu sagen gibt. Sie wissen längst alles von sich. Und ein anderes Leben wird nicht mehr kommen. Auch das wissen sie. Die mürbe Langeweile und die Sehnsucht nach anderen Frauen. Die beiden Einsichten werden sie bis an ihr Ende begleiten.

Isidor setzt sich neben mich. Offiziell ist er arbeitslos, inoffiziell betätigt er sich als Zuhälter. Das ist eine Härtevokabel, die nur annähernd den Tatsachen entspricht. Sagen wir, er hat eine Interessengemeinschaft mit Nancy aufgebaut und versucht einem potenziellen Kunden nun wortreich und farbenfroh die Schönheiten Nancys einzureden. »*No te preocupes, solo ver*«, mach dir keine Gedanken, sieh sie dir einfach an. Also biegen wir ums Eck und schlendern auf Zimmer 21 zu. Hier schafft seine *amiga*. Die soll ich jetzt, unverbindlich, anschauen.

Nancy schaut man gern an. Zudem arbeitet sie auf einem blitzblank sauberen Bett. Alles da, das weiche Rosa der Stehlampe, der rosa Hirtenteppich, die Blumen und die himmlische Jungfrau, sogar der Rosenkranz lugt unter dem Kopfkissen hervor. Nancy legt Wert auf den Ruf einer anständigen Hure, noch mit dem Besen in der Hand begrüßt sie mich. Da ich auch als Nicht-Yankee Gringo bin, verdächtigt sie mich sofort, im Besitz mehrerer Dollarmillionen zu sein. Was eine zwölfhundertprozentige Inflation binnen zehn Minuten zur Folge hat. Denn zwölfmal mehr Pesos als alle Nicht-Gringos müsste ich hinterlegen, damit sie *simplemente todo*, einfach alles, mit mir machen würde. Als ich auf die drei Perücken deute, die an der Wand hängen, muss sie lachen. Bei mir müsse sie keine Angst haben. Die würde sie nur aufsetzen, wenn Leute aus dem fernen Guadalajara kämen, ihrer Heimat: als Tarnkappe.

Ich bitte Nancy um Bedenkzeit. Sex für Geld deprimiert mich. Bisweilen zumindest. Nicht aus moralischen Gründen, der Herr ist mein Zeuge. Aus Eitelkeit. Nur mit Hilfe von Geldscheinen einer Frau nähertreten zu dürfen, das hat was mit klangloser Resignation zu tun. Aber ich mag die Nähe von Huren, ich mag ihre Chuzpe, ihre Ironie, ihr Wissen von der Welt. »Lebedamen«, treffliches Wort. Wie oft haben sie mehr Leben im Leib als andere Damen.

So ziehen wir beide für eine halbe Stunde in die *J.R. Bar* um. Nancy ist bereit, von ihren Johnnys zu erzählen, von den dicken und dünnen, die sich an sie ranmachen. Von den Hastigen und den Scheuen, von den Geizkrägen und den Weinerlichen, den strapaziösesten von allen. Denn die können es nicht hinter sich bringen, ohne vorher einen Sack Probleme auszupacken. »Schon eigenartig«, meint Nancy, »aber jemandem beim Heulen zuschauen strengt mich mehr an, als die Beine breit zu machen. Denn da kann ich ungestört an was anderes denken. Nicht beim Zuhören, da muss ich mich konzentrieren.« Isidor kommt, höflich meldet er einen Stammkunden an. Ordnungsgemäß begleite ich Nancy zurück zu Nummer 21.

Jetzt ist Nacht, die Mädels sitzen, strickend oder miteinander plaudernd, vor ihren Betten, die Türen weit offen, Männer flanieren vorbei, auch diensthabende Ordnungshüter grüßen, wie jeden Abend stehen die liederlichen Umtriebe unter Polizeischutz. Die Transsexuellen und Transvestiten ziehen auf, auch sie haben ihr Lokal und ihr Publikum. In *Marthas Club*, dem rührigsten am Platz, bereiten sich Margarita und Gabriella auf ihren Auftritt als *lesbianas* vor, bindet sich Pedro seinen Godemiché um den Bauch, um sich in seiner »*Monkey Show*« als rastlos lüsterner Affe vorzustellen, legt Inspizient Homero die frischen Bananen für die »*Banana Show*« zurecht.

Sind all die harmlosen Ferkeleien überstanden, steht der Höhepunkt bevor, die »*Donkey Show*«. Mit dem laut vor dem Eingang posaunten Versprechen, dass sich hinter dem Eingang eine außer Rand und Band geratene Nymphomanin mit einem Esel vergnügen wird, treibt der Türsteher zögerliche Passanten hinein. Intelligenterweise hat man die Verheißung erst für zwei Uhr nachts angekündigt. Denn obwohl ein stramm erregter Esel auf der Bühne steht, durchaus willens, der in seiner unmittelbaren Nähe befindlichen Señorita Carmen beizuwohnen, verdunkelt sich rechtzeitig die leicht befremdliche Liebesstatt: bald finster genug, um in den (jetzt blauen) Köpfen der Zuschauer die Illusion eines sodomitischen Sündenpfuhls zu schaffen. Das ist raffiniert arrangiert, die Sitte muss nicht einschreiten, die Besoffenen werden morgen erzählen, dass Carmen mit einem Esel zugange war, die Kasse stimmt. Wenn jemand das Recht hat, gegen die Inszenierung Protest einzulegen, dann der Tierschutzverein. Dreihundertfünfundsechzigmal im Jahr dem armen Esel eine Erektion zu verpassen, ohne sich weiter um sie zu kümmern, scheint ein eklatantes Beispiel von Tierquälerei.

Für den bunten Abend muss ich zahlen: Ein fettes Insekt rennt in meine Nase, als ich im Pensionsbett liege. Und ein Taifun legt los, nachdem ich, der Tiertöter, zugeschlagen habe. Irgendwann weggedriftet, höre ich im Traum Schläge an meiner Tür. Ich wache auf und höre noch immer Schläge. Das ist der leibhaftige Hausbesitzer, der mit Kübel und Eimer die Lachen aufwischen will, die bereits das Bad überschwemmen.

Um sieben Uhr morgens sind die Blitze verschwunden, nicht aber die Wasserfluten. Ein wüster Regen überzieht die Welt. Vergebliche Suche nach einem Taxi, um wieder nach Amerika, nach Laredo, zur nächsten Greyhound-Station zu kommen. Von einer Plastikfolie geschützt, ziehe ich los. Um mich aufzuheitern, schalte ich meinen Radio-Walkman ein, will Botschaften von einem himmelblauen Wetterumschwung hören. Und höre Debbie, sie ist Sprecherin beim »*Radio Number One in Fun and*

Music«. Nicht das Wetter, sondern sie ist die eigentliche Rache. Ich gestehe, ich bin in ihrem Bann. Ich bin nicht mehr fähig abzuschalten. Will der Herr mich prüfen, dann jetzt, während meines zwei Kilometer langen, wolkenbruchnassen Fußmarschs über die Grenze. Habe ich irgendeine Rechtfertigung für meinen widerborstigen Masochismus, dann vielleicht den unbesiegbaren Drang, herauszufinden, wann Schluss ist, wann das Maß überläuft, wann die Erde sich auftut, um derlei Idiotinnen und Idioten zu verschlucken.

Ich bin *americaproof*, aber Debbie setzt neue Maßstäbe: Wir sollen es *easy* nehmen, das Hochwasser und die Überschwemmungen. Nach jedem zweiten *easy* sendet sie einen Geburtstagsgruß nach Hause an ihre heute vierjährige Tochter Frankie: »*Take it easy, Baby.*« Dann »*the easy quiz of the day*«: Alle sollen anrufen, die von jemandem Berühmten wissen, dessen Name wie ein Nahrungsmittel klingt. Freddie ruft an, schlägt Whoopi Goldberg vor, denn »Whoopi« würde an »Whopper« bei Burger King erinnern. Aber das gilt nicht, die Regeln sind streng. Nach einem Dutzend Blindgängern kommt Cindy durch, sie sei ein absoluter Fan der Sendung und habe die richtige Antwort. Und sie hat sie: »Kevin Bacon!« Kevin Schinkenspeck!

Debbie scheint überwältigt, natürlich, der Name des Jungstars aus Hollywood klingt wie etwas Essbares. Nachdem wir uns alle gefasst haben, dass so etwas wie Cindys Wissen menschenmöglich ist, verkündet Debbie das heutige High-School-Menü: »*Peanut cookies, green noodles and Sloppy Joe*«, ein fünfstöckiger Hamburger. Anschließend dürfen Hörer anrufen, um Geburtstagsgrüße durchzugeben, nur unterbrochen von Debbies Grüßen an Frankie. Und Werbesprüchen von *Laredo's First Carhouse*: Die neuen Stoßdämpfer sind da. »*Get them.*« Und dem 44. Hinweis, dass heute immer noch Mittwoch ist, dass die Temperatur immer noch 52° Fahrenheit beträgt, dass es jetzt schon wieder drei Minuten später ist und dass »*the easy word of the day*« – Debbie hat es eigens für uns von ihrem Küchenkalender abgerissen – folgendermaßen lautet: »Wenn es regnet, dann schüttet es.« Herr, erbarme dich unser.

Regen, das muss das Stichwort sein! Mein Hirn beamt nach Dublin, es ist der 16. Juni 1904, und ich sehe Leopold Bloom durch die Straßen seiner Stadt irren, deprimiert von dem Wissen, dass das Innere seines Schädels einer Kloake ähnelt, randvoll geschissen mit dem Nachrichtenschrott der Welt. Knapp hundert Jahre sind inzwischen vergangen und der Schrott ist nicht weniger geworden. Im Gegenteil. Was würde passieren, zwänge man drei Schimpansen zum Anhören von Debbies Sendung? Würden sie impotent, würden sie irre, verübten sie kollektiven Selbstmord? Hirntot und windelnass besteige ich meinen Bus nach New Mexico.

SANTA FE

Das werden anstrengende zweiundzwanzig Stunden. Müde von der orkanlauten Nacht, träume ich von den fürsorglichen alten Zeiten, als die Greyhound Inc. noch Schlafwagenbusse einsetzte. Es gab sogar einen eigens dafür abgestellten Menschen, der sich mit Getränken und Snacks um die Schläfer kümmerte. Dass Männer und Frauen offiziell getrennt zu Bett gingen, sollte nicht stören. Ein Abteil, ganz hinten, trug nach kürzester Zeit den schmucken Beinamen »*The Love Nest*«. Gegen einen Obulus an das diensthabende Personal konnte man dort ungestört seinen unaufschiebbaren Bedürfnissen nachgehen.

Berühmt wurden die *sleepers* in den späten dreißiger Jahren, als bekannte Big Bands – Jimmy Dorsey's, Phil Harris' und Benny Goodman's – die Doppeldecker wochenlang in Anspruch nahmen, um von einem Konzert zum anderen zu rauschen.

Meine Wirklichkeit sieht wieder eine Spur anders aus. Ich rieche kein Liebesnest, nur den Gestank einer unbetretbaren Toilette. Wilder Regen schlägt gegen die Scheiben. Statt Goodmans »*Blue Skies*« höre ich die Gruppe Black Sabbath aus dem Walkman eines Nachbarn, die Kannibalenmusik gitarrendreschender Monomanen: akustische Daumenschrauben, die imstande sind, meine sechs sinnlichsten Körperteile, die Gehörknöchelchen, zu zerlegen. Um Viertel vor zehn springen Schäferhunde an Bord, mitten auf dem Highway steht eine Kontrollstation, um illegale Mexikaner aufzuhalten und zurückzuschicken. Da ich auch irgendwie illegal aussehe, muss ich mein Gepäck herzeigen. Das geht gut, mein mexikanisches Sandwich und ich dürfen passieren. Als wir an einem großen Schild mit der Aufschrift »*Wurstfest*« vorbeikommen, packe ich meinen Reiseproviant aus. Wie so viele Missmutige hoffe ich, dass eine Kalorienzufuhr mich aufhellt und heilt.

Keine Chance. Nichts gelingt mir heute, um seelenfressenden Meldungen rechtzeitig auszuweichen. Aus dem Radio kommt die Nachricht, dass Bauunternehmer auf einem indianischen Friedhof in Nebraska ein Casino errichten wollen. Die böse Überraschung: Die Bauunternehmer sind Indianer.

Souverän greife ich an der nächsten Tankstelle nach *USA Today* und finde im Inneren der Zeitung acht von IBM bezahlte Werbeseiten zum Thema »*e-business*«, »e« wie »elektronisch«. Ein ganzseitiges Foto zeigt vier feingekleidete Geschäftsmänner, die impertinentesten Herrenmenschen des ausgehenden Jahrtausends. Wie bezeichnend: Von keinem sieht man das Gesicht.

Nur ihre vier viereckigen Köfferchen und ihren entschlossenen Schritt. In den schwarzen Aktenkoffern darf man einen elektronisch betriebenen Taschenrechner zum Ausrechnen der Welt, ein Telefon zum Verkaufen der Welt und das *Wallstreet Journal* zum Nachschlagen des gestrigen Preises der Welt vermuten. Überschrift: »*Sell things*«, der Lieblingssatz der Cyberbirnen.

Vor Jahren sah ich inmitten der olympischen Stadien von Los Angeles das dazugehörige Standbild: Mann und Frau nebeneinander, ohne Kopf. So haben Hochleistungssportler und Höchstverdiener so manches Mal das Wichtigste gemeinsam: Den Kopf, das Hirn, kann man weglassen. Somit sind sie vor einem Gehirnschlag sicher. Er wäre ein Schlag ins Leere.

Wieder eine lange Fahrt durch Texas. Das leise Summen des Motors fängt an, meine aufgepeitschten Nerven wie ein Wiegenlied zu beruhigen. Gleichzeitig breitet sich in mir die erhebende Einsicht aus, dass die Erde nicht aufhört. Dass sie tatsächlich keine Scheibe ist, dass nie die Angst kommt, am Ende von der Kante zu fallen.

Später kommt doch die Angst. Weil ich mich plötzlich an meinen Beruf erinnere und mich fühle wie ein Seefahrer im Mittelalter. So ein Mensch hat geglaubt, dass nach der nächsten Seemeile die Welt zu Ende ist. Und ich fürchte, dass nach dem nächsten Wort die Sprache aufhört. Erst nach gewisser Zeit fällt mir wieder ein, dass sie endlos ist, endlos rund wie die Erde. Dass nur meine Beharrlichkeit versagt, nie aber die Sprache.

Unendliches Amerika. Es hat Platz für so verschiedene Himmel. Nicht lange hinter San Antonio wird er warm und trocken. Die Aussichten verbessern sich. Für Stunden steht keine Stadt im Weg, nur Blicke auf Wüstensträucher und die Zäune riesiger Ranches, die Männern gehören, die eine Prärie voller Rinder und einen Helikopter besitzen und uneinsehbar weit hinten am Horizont leben.

Ich heile vollständig. Irgendwann sitze ich neben Gilmar, einem Brasilianer aus São Paulo, der in Vancouver lebt und gerade nach El Paso reist. Um dort einen gebrauchten Sattelschlepper zu kaufen, ihn nach Guatemala zu fahren und dort mit Gewinn abzustoßen. So verdient er sein Brot als ambulanter Lastwagenhändler. Ein nobler Berufsstand: Er überlässt mir drei Adressen in drei verschiedenen Ländern. Dennoch befindet er sich seit geraumer Zeit in einer Krise, er will was ganz anderes werden, er will – er zögert, als würden letzte Bedenken ihn noch einmal bremsen – anfangen zu schreiben. Fast heimlich, damit kein Dritter von seinem frivolen Vorhaben erfährt, zieht er ein Buch heraus, das ihm sein neues Handwerk beibringen soll: *›How to become a travel writer‹*.

Das hat was typisch Amerikanisches, Mutiges: das alte Lastwagenfahrerleben hinschmeißen und ein neues ausprobieren. Sich nicht für immer von den Möglichkeiten des Abstürzens einschüchtern lassen, sondern springen und den Gedanken aushalten, dass man danebenspringt. Oder nicht danebenspringt und genau da landet, wo man hinwollte. Und nach der Angst das überwältigende Gefühl erntet, dass Mut eines der Geheimnisse des Lebens ist.

Um sechs Uhr dreißig Ankunft bei einem weltrekordlilablauen Morgenlicht in der Hauptstadt von New Mexico, dem vom Schrecken gnadenloser Profitarchitektur unverwüsteten Santa Fe. Hier haben sie sogar ein Gesetz, das zur Schönheit verpflichtet, dazu zwingt, dass alle Häuser in der Innenstadt im Pueblo-Stil errichtet werden. Als Verpflichtung der eigenen Geschichte gegenüber: im Jahr 1610 von den Konquistadoren gegründet, 1846 im Krieg mit den Mexikanern von den Amerikanern erobert und bis heute so geschmackvoll, dass sogar die Fassade des Hilton aussieht wie die Fassade eines Hotels, in dem man eine Nacht verbringen will. Noch außerhalb des Stadtkerns wirken die geheimen Kräfte der Sehnsucht nach Schönheit nach. Selbst die ansonsten so bösartig hässlichen Betonschachteln der Supermarktkette Walgreens scheinen weniger viereckig, weniger kaltblütig.

Vielleicht halluziniere ich, aber auch die Frauen scheinen in dieser Oase inmitten der neu-mexikanischen Wüste schöner als anderswo. Das ist absolut folgerichtig, das muss so sein. Bewusst oder unbewusst suchen die Schönen einen Ort, der ihrem Auftreten entspricht, sie in Szene setzt. Wer möchte schon in Murmansk in Szene gesetzt werden? Das ist ein Naturgesetz. Siehe Paris, Jaipur, Buenos Aires und – auf seine Weise – Manhattan: Je attraktiver eine Stadt, desto größer der Anteil attraktiver Menschen pro Quadratmeter. Zuletzt weiß keiner mehr, wer wen intensiver bereichert: die Bewohnerinnen ihre Stadt oder umgekehrt.

Kurioserweise lese ich in der hiesigen Lokalzeitung eine Nachricht über Marlon Brando, in der darauf hingewiesen wird, dass sich der Schauspieler – obwohl »*old, fat and whining*« – immer noch drei Millionen Dollar pro Film gutschreiben lässt. Mir fällt auf, dass es in der gesamten Geschichte des Films keine Schauspielerin gibt, die alt, fett und weinerlich drei Millionen Dollar einfordern dürfte. Ist das die Rache der Männer für die Tatsache, dass sie nie so schön, nie so begehrenswert wie Frauen waren? Und nie sein werden?

Santa Fe zählt jeden Nörgler mit seinen Pluspunkten aus. Ein öffentliches Busnetz mit atemberaubend kurzen Intervallen von zwanzig Minuten existiert, zuvorkommende Verrückte verabschieden jeden Fahrgast mit einem hellen »*See you later!*«, die

Farben der Bäume leuchten dem mit Bürgersteigen verwöhnten Fußgänger ins Gesicht, es gibt reinrassige Buchhandlungen ohne Kaugummi, Herrenslips oder Tennisschläger im Angebot. Orte, an denen ein geradezu physisches Bedürfnis ausbricht, zu blättern und zu versinken.

Und es gibt Fathi, den Moslem, der neben der viereckigen, aber eben viereckig schönen Plaza de Santa Fe sein Café *Tribes* führt und mir auf die Frage, woher er sein glücklich ruhiges Gesicht habe, mit einem Satz von Nietzsche antwortet: »Ich würde nur einen Gott anbeten, der tanzen kann.« Fathi ist Sufi, Anhänger jenes mystischen Ordens des Islam, der seine Sucht nach Gott durch Tanz ausdrückt: wo Männer sich stundenlang im Kreis drehen und irgendwann außer Rand und Band geraten und so auf absolut sinnliche Weise versuchen, dem Rätsel näherzukommen.

Hier riecht die Luft besser. Hier in dieser Stadt ist selbst der Anteil rastloser *winners* geringer. Santa Fe gilt als Fluchtort für Maler (mehr Licht), Schreiber (mehr Stille) und andere Verdächtige. Der rabiate Vormarsch des real existierenden Kapitalismus scheint hier um Momente verzögert. Die drängende Lust, alles Bildschöne zu demolieren, kommt noch nicht recht zum Zug. Damit es so bleibt, wenigstens noch ein paar weitere Momente, kaufe ich bei John, dem Indianer und Nachfahren der ehemaligen Besitzer New Mexicos, ein *medicine wheel*. Der Silberschmied verspricht, dass das Amulett gegen alle Krankheiten des Planeten beschützen wird. Auch gegen Herzfehler wie Gier, Größenwahn und die Lieblingsidee aller unheilbar gesunden Fortschrittsnarren: dass die Freiheit des Machbaren unantastbar sei.

Nun, auch in Santa Fe darf einer lachen, muss einer träumen. Ich komme am *Desert Inn* vorbei, einem ansehnlichen Motel, wenige Schritte vom Zentrum entfernt. Da ich nicht weiß, was die Aufschrift »*Football Packages*« am Eingang bedeutet, gehe ich hinein und frage. Freundlich werde ich darüber informiert, dass sich die Rezeption auf Wunsch um Flug, Hotel und Eintrittskarten für auswärtige Footballspiele kümmert. Noch während die freundliche Ashley redet, verfalle ich in einen Tagtraum, ich sehe mich wieder an dem Motel vorbeikommen, diesmal jedoch »*Book Packages*« lesend. Und wieder frage ich und höre diesmal, dass sich das Haus um Flug, Hotel und Eintrittskarten für auswärtige Lesungen kümmert. Bis ich am Ende dieser Halluzination immer noch vor Ashley stehe – sie hält mir jetzt ein Ticket *Broncos vs. Green Bay Packers* entgegen – und mich halblaut sagen höre: »Ich spinne.«

Um zur Wirklichkeit zurückzukehren, gehe ich hundert Meter weiter zur ältesten Kirche in den Vereinigten Staaten von Amerika. Ich mag Kirchen, sie sind die letzten Reservate der Stille, noch immer frei von Werbesprüchen, noch immer der beseligende Weihrauchduft. Die San Miguel Mission wurde Anfang des 17. Jahrhunderts von amerikanischen Ureinwohnern unter der Knute der Franziskaner errichtet. Von einer Glasplatte beschützt, sieht man noch die vor knapp vierhundert Jahren errichteten Altarstufen aus Adobe, getrockneten Lehmziegeln.

Da ein kalter Regen niedergeht, flüchte ich in die ein paar Schritte entfernte San-Francisco-Kirche. Kein Weltwunder, aber angenehm möbliert. Ein Beichtstuhl fällt auf, der schallisoliert ist. *Father Manuel* steht darüber. Beneidenswerter Pater, er ist sicher fürs Abhören der Todsünden zuständig. Heiliger Hokuspokus. Wie er mich an meine Kinderjahre erinnert, als ich an jedem Samstagnachmittag in einem dieser finsteren Kabuffs niederkniete und meinen Beichtspiegel herunterleierte. Und hinterher einen wildfremden Mann sagen hörte, dass er mir meine Sünden vergibt. Wie witzig, wie hochmütig, wie heilend, diese Illusion: Einer vergibt etwas, was ein anderer anderen zugefügt hat.

Nicht weit von Vater Manuels Lauschplätzchen entfernt finde ich die folgende Inschrift: »Wo Hass ist, lass mich Liebe säen. / Wo Kränkung, Verzeihen. / Wo Zweifel, Hoffnung. / Wo Finsternis, Licht. / Wo Trauer, Freude. – Mach, dass ich nicht so sehr danach strebe, getröstet zu werden als zu trösten.«

Wie poetisch. Und wie scheinheilig. Kaum hatten die christlich-europäischen Weltenbummler ihre Sprüche eingraviert, gingen sie wieder »Eingeborene« schlachten. Dazu eine Anekdote vom ältesten Haus der USA, das sich ebenfalls in Santa Fe befindet. Sie zeigt, wie weit es her war mit der Kunst, Liebe zu säen: In dem schlichten Bau aus Lehmziegeln – datiert auf das Jahr 1200 – liegen die sterblichen Überreste eines Hidalgo begraben. Der Spanier war leichtsinnig genug, sich vor Ort einen *bebedizo*, einen Liebestrank, zu besorgen. Mit der amüsanten Folge, alles und jeden in seiner nächsten Umgebung abzuküssen. Für diesen zuchtlos kriminellen Akt haben ihn seine katholischen Landsleute mit einer Enthauptung getröstet. Moral: Liebe reden und Liebe tun sind beizeiten so weit auseinander wie einst Mutter Teresa und die Missionarsstellung.

Abends sitze ich vor dem Fernseher, ich will ein Interview mit dem Dalai Lama sehen, der sich gerade in den Staaten aufhält. Ich bin zu früh und zappe in ein Programm, das sich »*Kinky Records*« nennt. Ganz ehrlich, diesmal bin ich gern zu früh. Denn ich werde ausdrücklich darauf hingewiesen, dass die folgenden Bilder schockieren könnten. Ich bleibe natürlich, hungriger kann ein Vorspann nicht machen. Und die Warner haben recht, die Bilder schocken, die Pay-TV-Gebühr ist gerechtfertigt: Unter anderem tritt ein Mister Top – passendes Pseudonym – auf und führt sein wahnsinniges, 41 Zentimeter langes Glied vor. Zerknittert sitze ich am Bettrand. Den Amis gelingt einfach alles. Solche Vorgaben holen wir anderen 95 Prozent der männlichen Weltbevölkerung nie ein. Ergriffen blicke ich auf einen Weltrekordanwärter, der uns allen um Längen voraus ist.

Spätnachts – *prime time* ist lang vorbei – darf der Dalai Lama auftreten. Larry King von CNN hat ihn eingeladen. Wunderbare Sachen passieren. Die lässige Bescheidenheit des buddhistischen Oberhaupts der Tibeter versöhnt mit der eigenen Durchschnittlichkeit, der genitalen wie der spirituellen. Sogar Kings hemdsärmlige Dämlichkeit kann nichts kaputtmachen. *Seine Heiligkeit*, so wird der 14. Lama vorgestellt, bewegt sich mit überragender Natürlichkeit, ein blitzgescheiter Liebesapostel, eine Sternstunde im Universum, die erste religiöse Autorität, bei deren Auftreten keine Mastercard-Nummer am unteren Bildrand vorbeiflimmert. Alles, was er sagt, ist kostenlos, nicht mit einem Eisenbahnwaggon voller Dollar zu bezahlen.

Aber selbst ein Inhaber des Friedensnobelpreises kann die ehernen Gesetze der frei rotierenden Marktwirtschaft nicht aufhalten. Und wäre es nur für fünfundzwanzig Minuten. Da redet der strahlende Mensch von der schwierigen Kunst des Mitgefühls, der Kunst, Wunden zu vergessen und sie zu verzeihen. Redet von den Freuden materieller Mäßigkeit, von der Heiterkeit, die sich in einem ausbreitet, wenn Stillsein und Wunschlosigkeit während der Meditation gelingen.

Er hat die paar Wörter noch nicht zu Ende gesprochen, da birst der erste Werbeblock dazwischen: »*We here in America like it big, we like Chevy Tahoe.*« Und zum Sound des grölenden Redneck erscheint ein riesiger Wagen, ganz offensichtlich ein Chevy Tahoe. »*On sale now!*« Und wer kein Geld hat, das hässliche Getüm jetzt und sofort zu besitzen, der muss sich noch Sekunden gedulden, bis ihm der nächste Werbespot die frohe Kunde ins Wohnzimmer drückt: »*Come to the Ohkay Casino and win lots, lots and lots of dollars.*« Anschließend wieder Seine Heiligkeit und seine Vorschläge für ein sinnenfrohes Leben. Das ist absurdes Theater *live*, unheimlich wirklich und wahr.

Am nächsten Morgen bin ich krank, hingestreckt vom Reiseblues, erledigt von der Mühsal, jeden Tag in die Welt hinausgehen zu müssen, jeden Tag schreiben zu müssen, sprich: jeden Tag die Stoßdämpfer neu zu montieren, die Krücken, die Einlagen, die Rüstung, den Herzschrittmacher. Gestern kaufte ich mir eine Gedichtsammlung des persischen Dichters Rumi. Vor achthundert Jahren wusste er schon: »*If your knowledge of fire / has been turned to certainty by words alone / then seek to be cooked by the fire itself / Don't abide by horrowed certainty / There is no real certainty / There is no real certainty until you burn / If you wish for this / sit down in the fire.*« Tapfere Worte, Rumi, aber heute will ich nicht tapfer sein, will nicht im Feuer sitzen, will es so genau nicht wissen.

Ich schleppe mich ins nächstgelegene Café. Frühstücken. Die erste Fehlentscheidung. Aber immerhin lerne ich, dass es zwei Arten von Fröhlichkeit gibt. Die eine kann einem das Leben retten und die andere kann einen umbringen. Augenblicklich werde ich ermordet. Denn heute hat Bibi Dienst. Sie gehört zu dem erbarmungslosen Schlag von Serviererinnen, die schrill und lebenslänglich lustig und eintausendmal hintereinander friedliebende Kaffeetrinker heimsuchen mit Sätzen wie: »*How are you today?*« Und: »*Don't we have a great day today?*« Und: »*It's even going to be greater this afternoon.*« Soviel gute Laune erschöpft zu Tode. Dann lieber eine stumme Beleidigte.

Um mir den Fangschuss zu verabreichen, schaltet das Weib den Fernseher ein: *Good Morning America*. Bevor ich das Gesicht, fahl vor Depression, in mein Omelett vergrabe, höre ich den Ausdruck »*upper body blitz*«. Das klingt aufregend und ich schaue hin: Im *Fit TV* wird gerade ein Blitzkrieg angeboten, um den über zehn Jahre vollgefressenen Torso wieder auf Vordermann zu bringen. Als Turnlehrerinnen steht ein Paar betäubend gradlinig gewachsener Frauen zur Verfügung. Sie hopsen auf einer saftgrünen Wiese und werfen bisweilen ihre betäubend schön gearbeiteten Arme in verschiedene Richtungen. Rührend mit anzusehen, wie die Dicken im Raum ruckartig zu essen aufhören und gebannt zuschauen.

Die zwei Dünnen versichern, dass wir bei einer Investition von nur wenigen Minuten an wenigen Tagen so aussehen werden wie alle, die bereits einen *knock-out upper body* haben. Da ist sie wieder, die Sexyness der englischen Sprache. Ein pyramidales Wort: »*knock-out upper body*«. *Very catchy, very sexy*, das Wort und das Bild hinter dem Wort: Wer von uns will keinen Oberkörper haben, der nicht jeden Betrachter umwürfe und in den K. O. triebe?

Widersprüchlich, aber logisch. Gerade die Sprachfaulheit der Amerikaner führte dazu, dass sie auf geniale Weise Formulierungen fanden, erfanden, die auf amüsanteste Weise erheitern: Die nach dem Krieg in Kaiserslautern stationierten Soldaten tauften die Stadt »*K-Town*«. James Bond – auch in *Tomorrow Never Dies* als Erotomane unterwegs – wird als »*cunnilinguist*« beschimpft. Wer sich die Nase reparieren lässt, bekommt einen »*nose job*« verpasst. Andere *jobs* betreffen andere Teile des Körpers. Wer intensiv lebt, verfügt über »*quality time*«. Auf einem Flughafen sah ich in einer Buchhandlung die Abteilung »*Light Airplane Reading*«. Wer so etwas – die drei Worte, nicht die dort feilgebotene Schrottliteratur – nicht genießen kann, der ist sprachtaub. Das amerikanische Englisch hat etwas Griffiges, etwas Schnelles, ist oft sinnig und sinnlich.

Nach dem Blick auf *Fit TV* zahle ich, der Wetterbericht für Geschäftsreisende droht. Bibi sei Dank – ihr schulde ich die Entdeckung des Wortes »*knock-out upper body*« –, jetzt weiß ich, was ich brauche, um den Blues in den Griff zu bekommen: das Lesen.

Ich kaufe einen Stoß Zeitungen und ziehe bei Fathi ein, sein *Tribes* ist fernsehfrei und still. Der Sufi lächelt nur und lässt mich drei Stunden allein. Aus Erfahrung weiß ich, dass Lesen beinahe so heilend wirkt wie Schreiben. Auf scheinbar unerklärbare Weise wirken bei einem Teil der Menschheit Buchstaben wie Aspirintabletten, in schwerwiegenderen Fällen wie Morphium. Noch unerklärbarer: Selbst das Lesen von traurigen Geschichten heilt. So haben Drogenjunkies und Lesesüchtige zumindest eines gemeinsam: Nach drei Tagen Entzug landen sie auf dem *cold turkey*. Nichts anderes hat mehr Platz in ihrem Kopf als die Suche nach einem Stoff – weißes Pulver oder weißes Papier –, der sie aussöhnt mit der Welt.

Hier ist die traurigste Story, die ich finde. Jeden, der sie liest, wird sie bereichern: Die Mutter von Dan Eldon, einem der vier Fotografen, die 1993 in Somalia zu Tode gesteinigt wurden, hat ein Buch mit Notizen und Fotos ihres Sohnes veröffentlicht. Dan muss ein interessanter Bursche gewesen sein: auf verschiedenen Kontinenten aufgewachsen, viel gereist, viel gelernt, mit nur 23 Jahren gestorben. Der Kritiker zitiert einen Eintrag, wo der Fotograf die vier häufigsten Gefühle erwähnt, die einen professionellen Reisenden überkommen: »*worry, fatigue, joy and loneliness*« – Unruhe, Erschöpfung, Freude und Einsamkeit. Die vier Wörter tun weh, so genau sind sie.

Eigentümlich, die herzzerreißende Geschichte wird mir einige Stunden Glück verschaffen. Purer Zufall. Als ich weiterlese, beugt sich ein fremder Mensch über den Zeitungsartikel, den ich ausgeschnitten neben mich gelegt habe, und sagt: »*I read that too this morning, how touching.*« Als ich aufblicke, denke ich zuerst, dass die Frauen von Santa Fe nicht nur besser aussehen als anderswo, sondern wohl auch mutiger sind. Sich neben den Tisch eines Fremden zu stellen und unter Verwendung des nächstbesten Vorwands zu reden anfangen, das ist noch immer so anders, dass es auffällt.

Außerdem bin ich ein Mann und nur Männer verstehen das schiere Glück, einmal nicht Gefahr zu laufen, sich zu blamieren und in die Wüste geschickt zu werden. Einmal Objekt sein dürfen, einmal nicht die Mühsal auf sich nehmen müssen, fieberhaft nach einem intelligenten Satz Ausschau zu halten, um sich einer begehrenswerten Frau vorzustellen. Einmal die Regeln vertauscht sehen, einmal eine Million Jahre Kulturgeschichte von Männern und Frauen auf den Kopf gestellt erleben und den außergewöhnlichen Moment genießen, in dem eine Frau sagt: »*I read that too this morning, how touching.*« Was – wenn ich es richtig übersetze – in etwa bedeuten soll: »Sie gefallen mir, ich möchte Sie kennenlernen.«

Und wir lernen uns kennen. Laura gehört zu denjenigen Menschenkindern, die laut Hermann Hesse das Salz der Erde ausmachen: die Spieler, die Spinner, die Rentenverweigerer, die Leichtsinnigen, die Sinnsüchtigen und Windstoßvergnügten. Irgendein magisches Gen hält sie im Gleichgewicht, eine offensichtlich unerschöpfliche Daseinsfreude nährt sie. Noch eine, die sprudelt. Oder, wie sie hier sagen, noch ein *natural born thriller.*

Laura zählt zu den Hunderten von Verückten an diesem Ort, die im *Santa Fe Reporter* inserieren. Keine spirituelle Extravaganz, die sie hier nicht anbieten: Bikram-Yoga, Schwertertanz, Hawaii-Massage, Erotikschreibkurse, Computer-Guru, Gefühlsheilen, Tarotkurse, ›*Pizzeria Espiritu*‹ oder *Deep Tissue Body Work.* Laura liest in den Sternen und bringt der Welt afrikanisches Trommeln bei.

Wir haben nur einen Nachmittag und wollen ihn nutzen. Ihr VW-Kombi funktioniert, in einem auf biologische Kost spezialisierten Supermarkt – selbst Proteine heißen hier *spiriteine* – kaufen wir eine Tüte lupenreiner Nahrungsmittel und fahren hinaus in das außerirdisch schöne New Mexico: die Wüste, der Wüstenhimmel, die Felsbrocken, die kerzengeraden Highways, die bizarren kugelrunden oder hunderteckigen Wohngebilde, in denen ein paar von denen überleben, die drei Milchstraßen weit weg sein wollen von den Träumen der Popcornfresser.

Unser erster Versuch, für ein paar Stunden ein friedliches Plätzchen zu finden, um unser Picknick aufzuessen, scheitert. Hinter der ersten Biegung eines heißtrockenen Flussbetts steht ein dickbackiger Mensch mit einer dicken Flinte in der Hand und lässt uns mit einfachen, klaren Worten wissen, dass er es schätzen würde, wenn wir uns umstandslos von seinem Land trollten. Da der andere eindeutig die besseren Argumente hat, kehren wir um und suchen in der entgegengesetzten Richtung. Der kleine Canyon ist schlangenförmig, in der sechsten Bucht bleiben wir, nun weit genug von jeder Schrotladung entfernt und nunmehr imstande, so bedrohliche Tätigkeiten auszuüben, wie ein mit Petersilie belegtes Brot zu verzehren und halblaut miteinander zu reden.

Es gibt Zeitgenossen, die erzählen ihr Leben auf eine Weise, dass der Zuhörer wie gestaucht, wie vollgepackt mit einem Sack Tragödien, von dannen geht. Laura nicht, sie bleibt fair, ihren Ex-Männern und ihren beiden Ex-Ehemännern gegenüber. Sie nimmt nicht Rache, ihr gehört die unbezahlbare Kunst, ihre Erfahrungen, auch die schmerzhaften, als Bedingung für das Glück zu begreifen. Auch die vier Jahre, in denen sie sich nicht weiter als drei Meter von ihrem Bett entfernen durfte, so heimtückisch überfielen sie die Attacken einer seltenen Virusinfektion. Ihre

Heiterkeit wollte nicht vergehen. Nicht ein Schatten von Bitternis blieb. Sie erklärt niemanden zum Sündenbock. Das, was man gemeinhin Seele nennt, scheint in ihr nicht zu verwittern.

Wie so viele Männer habe ich Angst vor Frauen, weniger Angst allerdings vor den starken. Sie blicken nicht auf, erwarten demnach keine Anweisungen zum richtigen Leben. Sie verbreiten umgehend das beruhigende Gefühl, dass sie auch ohne mich zurechtkommen. Sehe ich Laura im Gegenlicht der Wüstensonne vor mir sitzen, frage ich mich, was mir an ihr besser gefällt: der kluge, so gut geschnittene Kopf der Siebenunddreißigjährigen oder eben diese Kraft, dieser Trotz den Gefährdungen ihres Lebens gegenüber.

Diese Aufsässigkeit hätte sie – so behauptet sie unverdrossen – ihrem Ururgroßvater zu verdanken, dem dritten Präsidenten der Vereinigten Staaten, Thomas Jefferson. Einen seiner Sätze trage sie immer mit sich herum: »Verleugne niemals deine Überzeugungen um des billigen Friedens willen.«

Wer einen solchen Satz ununterbrochen aushält, der sollte sich wappnen gegen die Stunden der Einsamkeit. Nicht hergeben seine Lieben und Vorlieben für einen faden Seelenfrieden. Wer das durchhält, der muss anders sein.

Als die gelbe Wüste rot zu leuchten beginnt, brechen wir auf, zurück nach Santa Fe. Sie bewohnt die Hälfte einer blitzblanken Blockhütte aus Ziegeln und Adobe, dazu ein paar Quadratmeter Garten. Wo immer man sich hinstellt, hört man das Geräusch eines vorbeifließenden Bachs. Vor dem Hauseingang muss man einem Baum ausweichen. Alles auf Erdgeschosshöhe, die Küche, der Arbeitsraum, der *king size futon*, das Bad einer Frau, in jedem zweiten Eck eine Trommel, der mit Kacheln bedeckte Fußboden, kein Fernseher. Ein Heim ohne falsche Nebengeräusche. Es ist schon eine gewisse Zeit her, dass ich eine Wohnung betrat und nicht den impulsiven Wunsch verspürte, nach den Gelben Seiten zu suchen, um den Sperrmülldienst zu bestellen. Die warmen Farben stimmen, wie auch die wenigen leichten Möbel. Unschwer zu erraten, dass hier jemand zu Hause ist, der vor nicht langer Zeit einzog und nicht für immer hierbleiben wird. Zwei Dutzend Umzüge hat sie bereits hinter sich. Zuletzt reiste sie aus Honolulu an.

Bis ein Uhr morgens machen wir keinen Fehler. Bevor wir auseinandergehen, holt sie eine Polaroid-Kamera hervor und knipst meinen Oberkörper. Das muss sein, denn sie will mich beschützt wissen. Bei Laura B. in Santa Fe heißt das: Sie schiebt das entwickelte Foto in einen flachen Kasten (nicht größer als ein kleines Kofferradio), dreht an mehreren Knöpfen und stellt ihn damit auf meine Energie und meinen Bedarf an fremder Energie ein. Der Apparat, unter dem Namen »*SE-5 Radionics*« im Handel, kostet saubere zweitausend Dollar. Das Prinzip beruht auf der hochwissenschaftlichen Erkenntnis, dass sogenannte IDFs, *Intrinsic Data Fields*, existieren, dass man Informationen – unendlich vereinfacht – ohne die bekannten physikalischen Mittel übertragen kann.

Hier und jetzt in einer warmen Herbstnacht in New Mexico geschieht somit Folgendes: Das *SE-5 Radionics* wird Lauras Ausstrahlung – die schwarze Box bleibt unverrückbar neben ihrem Computer – bündeln und auf das Foto, sprich: meinen Oberkörper, sprich: mein Herz, übertragen. Strahlt sie Freude aus, wird Freude eintreffen. Hätte sie nichts übrig als Kälte, würde Kälte mich heimsuchen. Als glaubensschwacher Atheist will ich mich an alles klammern, auch an befremdlich aussehende Apparaturen. Umso mehr, als Laura beim Erstellen meines Horoskops herausfand, dass das Chaos mein Zuhause ist.

Beim langen Fußweg zurück in mein Hotel – ich bestand darauf zu wandern – fällt mir die heilige Rosa ein, die jahrelang in einer Lehmhütte in Lima fastete und schließlich das Jesuskindlein sichtete. Und Buddha, der unter einem Bodhi-Baum saß und erst dann erleuchtet wurde, als er hinter allem das große Nichts zu erkennen glaubte. Und Jimmy Swaggart, der dem Herrgott auf der Interstate 10 begegnete. Und John C. Lilly, den Entdecker der Sprache der Delphine, der bei seinen LSD-berauschten Selbstversuchen »den zwei Wächtern des Universums« über den Weg lief. Und die gottlose Laura B., die vor wenigen Minuten den *SE-5 Radionics* angeworfen hat, um mir mehr Wärme zukommen zu lassen. Begeistert lege ich mich schlafen, nicht fassend, was uns alles einfällt, um unsere Angst zu stillen, berührt von unser aller Sehnsucht nach Zuflucht und letzter Gewähr.

Am nächsten Tag scheint mein Leben für mindestens drei Stunden perfekt. Der stille Greyhound, kein Heavy-Metal-Depp mit Walkman verpestet die Luft, der höfliche Fahrer, der intelligent Informationen durchgibt, die Welt. Größenwahnsinnig wie eh, nennen die Yankees ihr Land »Gottes eigenes Land«. Das Schwierige an dem Satz: Er stimmt so oft. Die ersten 150 Kilometer Richtung Norden, Richtung Colorado, bedrücken, so bestechend, so romantisch sieht diese Gegend aus. Eine kurvige Straße führt an allen Triumphen der Erde vorbei, an Wäldern, an Flüssen, an Seen, an Schnee auf den Gipfeln, an gedankenversunkenen Anglern auf ihren unbeweglichen Booten.

Solches Schauen erholt. Wie alle Nähe von Schönheit. In manchen Kliniken der USA gibt es keine Fenster mehr, nur noch elektronische Bildschirme, die helle Farben und Bilder ausstrahlen, um den Patienten aufzuheitern. Wohl aus der Überlegung heraus, dass ein Blick auf die Wirklichkeit amerikanischer Städte den Heilungsprozess eher verlangsamen und den armen Teufel in eine schwarze Depression schleudern würde.

Bei Einbruch der Dunkelheit beginnt die tägliche Zeitungslektüre. Ich bin immer wieder überrascht, wie anders andere Völker mit genau den gleichen Problemen umgehen. Stichwort Kinokritik. Wie einleuchtend, gewisse Filme nur für bestimmte Altersgruppen freizugeben. Ich lese da: »*PG 13, violence, profanity, brief nudity*«. Der Streifen ist erst für Jugendliche ab dreizehn Jahren zugänglich, da Gewaltszenen, vulgäre Sprache und kurze Nacktszenen vorkommen. Das »PG« steht für »*parental guidance*«, die 13-Jährigen müssen also in Begleitung eines Erwachsenen das Kino betreten.

Abgesehen davon, dass das Wort »*brief nudity*« mich als potenziellen Zuschauer dazu auffordert, bloß nicht den kurzen Augenblick zu versäumen (vielversprechender wäre natürlich der woanders gelesene Hinweis auf »*total frontal nudity*«), frage ich mich, ob Gewalt weniger gewalttätig ist, weil der Großvater sie auch sieht. Nacktheit weniger nackt, wenn die Tante danebensitzt. Und profane Sprüche weniger profan, da Vati sie auch mit anhören darf. Moral? Aber ja doch: Profit. Das *PG* ist ein Feigenblatt für die heuchlerische Industrie. Stehen die zwei Buchstaben nicht da, geht der Milliardenmarkt der Dreizehnjährigen flöten. Der Film wäre dann erst für die drei Jahre älteren zugelassen. Gerissener noch: Die Verwandtschaft muss gleich mitkommen, wieder klingelt es an der Kasse.

Heute geht es mir durchgehend gut, ich lese weiter, meine Lieblingswerte, die *family values*, kommen noch einmal vor, diesmal als Schlagzeile: »*One Million Women March*«, eine Million schwarzer Frauen haben sich in Philadelphia zu einer Kundgebung für Familie, soziale Verantwortung und Gottesfurcht zusammengefunden. Als Hauptrednerin wurde Winnie Madikizela-Mandela eingeflogen. Die einstmals heldische »Mutter der Nation« passt hierher. Inzwischen hat sie sich einen Namen als gewiefte Goldschmugglerin, nicht unbegabte Sadistin und fidele Liebhaberin eines bunten Zirkels strammer Liebhaber gemacht. Unübersehbar: Familienwerte sind besondere Werte.

Abends Ankunft in Denver. Der Ort für zartere Gemüter, um sich freiwillig und umgehend zu strangulieren. Die herausgerissenen Türen in den Toiletten des Terminals, der Blick in drogendumpfe Gesichter auf Kloschüsseln, die Türen – von den Junkies verkauft. Der Blick auf das raufende Gesindel in der riesigen Wartehalle und daneben die von knatternden Videospielen Verblödeten, die eine Leuchtschrift – sollten sie lesen können – nach dem elektronischen Totschlag darüber informiert, dass Sieger keine Drogen nehmen. Was lernt die Jugend da Erbauliches? Dass Sieger töten, aber keine Drogen nehmen. Heil dem drogenfreien Killer.

Hinter dem Eingang liegt die Innenstadt von Denver, nicht unähnlich dem türlosen Abort der städtischen Busstation. Bis jetzt habe ich noch keinen künstlich geschaffenen Ort betreten, an dem Einsamkeit einsamer macht als in amerikanischen Innenstädten. Unklar jedoch, was heftiger bedrückt: die Fassungslosigkeit über die Brutalität, mit der hier »Lebensraum« geschaffen wurde. Oder die nackte Angst um die eigenen Habseligkeiten. Fassungslosigkeit und nackte Angst betreffen hier jeden, den Besucher und jene, die hier hausen müssen.

Über einem vergitterten Fenster hängt ein Schild: »*Course in Miracles. Please call*«. Feine Ironie. Ein Wunder muss her, nichts anderes wird dieses schmierige Drecksloch zu einer menschenwürdigen Umgebung machen. Ein paar Meter daneben hat einer »*Pitbull Age*« an eine Mauer gesprayt. Auch nicht schlecht, das Zeitalter von Lassie ist vorbei, nun kommen die Bullterrier. Vorbei an mit Müllhaufen und Gummireifen verstellten Gassen, zugenagelten Läden, getrockneter Kotze in verschiedenen Ecken.

Ein kalter Wind fegt, leere, finstere Welt. Ich begegne fünf Fußgängern und einem Hund.

Ein McDonald's hat offen, davor stehen nochmals zwei Figuren, sie betteln um Mitleid in dieser unerbittlichen Landschaft. Drinnen spuckt die Kundschaft auf den Boden und ein junger Kerl nähert sich mir mit der poetischen Frage: »*Are you on cloud 57?*« Wer auf Wolke 57 ist, ist randvoll mit Dope und schwebt ganz oben. Ich bin es leider nicht. Sean, der Zweiundzwanzigjährige, aber sicher. Heiter lächelnd bewegt er sich über den Abgrund seines Lebens.

Ben, Geschäftsführer der Frittenbude und hoffnungslos unterlegener Mahner gegen die Fußbodenspucker, weiß eine preisgünstige Unterkunft. Nur zehn Minuten wäre sie entfernt. Aufreibende sechshundert Sekunden: Hinter dem zweiten Block kommt mir ein als Sensenmann verkleideter Hüne entgegen, schwarze Kutte, schwarze Kapuze, das Gesicht hinter einer Totenmaske verborgen, in der Linken eine solide Sense tragend. Nur die gerade noch rechtzeitig eintreffende Erinnerung, dass es sich höchstwahrscheinlich um einen Probelauf für das kommende Halloween-Fest handelt, verhindert eine Nervenkrise. Schwarzen Humor, sehr schwarzen, haben sie hier, das schon.

Unerschossen und ungemäht erreiche ich das *New House Hotel*, ein Wrack von einer Absteige. Ben muss meine monetären Bedenken missverstanden haben, einen Hauch von Zivilisation hätte ich mir noch leisten können. »*No shoes, no shirt, no service*« steht an der Hoteltür. Die trauen sich. Wer diesen Stundenpuff ohne Schuhe und Hemd zu betreten wagt, muss mit Infektionen rechnen. Ich bekomme Zelle 222, nach einmal Lichtanschalten bleibt das Licht aus. Es gibt Räume, die man nur im Schutz der Dunkelheit betreten sollte. Ich lege Zeitungspapier aus und besprühe die Matratze mit Antifloh-Spray.

Nach sechs Stunden Schlaf bleibt nicht ein Grund, mich zu beschweren. Kein Tier, kein Mensch störte, der blaue Himmel strahlt durch das vorhanglose Fenster, ich darf noch heute Denver verlassen. Und in der Nähe des Bahnhofs finde ich das *20th Street Café*, einen urgemütlichen Diner, wo sie diskret Platten von Pat Boone und Carl Perkins spielen und wo ältere Ladies als Bedienungen arbeiten. Gerade sie – schon über die Blüte hinaus, schon versöhnt mit der Erkenntnis, dass die meisten Träume nicht in Erfüllung gingen – schaffen eine Atmosphäre von souveräner Ruhe und Freundlichkeit.

BOULDER

Als ich den Bus um zehn nach zehn besteige, beginnt eine tagelange Glückssträhne. Ich weiß es, meine Vorfreude ist zu groß, um für die geringste Enttäuschung Platz zu lassen. Eine knappe Stunde von den Zumutungen Denvers entfernt liegt Boulder. Aufenthaltsort des Naropa Instituts, der einzigen offiziell anerkannten buddhistischen Universität in den USA und – noch mehr Freude auslösend – gleichzeitig Heim der von Allen Ginsberg gegründeten *Jack Kerouac School of Disembodied Poets*.

Linda sitzt neben mir, wir haben das gleiche Ziel. Seit acht Jahren wohnt sie in der 95 000 Einwohner zählenden Stadt, nach drei Jahrzehnten in New York. Sie erzählt eine unheimliche Geschichte: Wochen nach ihrem Umzug nach Boulder ging sie zum Augenarzt, um sich eine Brille verschreiben zu lassen. Sie unterzieht sich den anfallenden Untersuchungen, unter anderem auch dem Panorama-Test: Sie soll »ja« sagen, sobald sie einen grünen Punkt an der Peripherie ihres Blickfelds auftauchen sieht. Seltsamerweise erspäht sie den Punkt immer Sekundenbruchteile bevor er tatsächlich erscheint. Ärzte nennen dieses Phänomen »*streetsmart in New York*«: Linda hat in dieser Stadt unbewusst und permanent mit Gewalt und Verbrechen gerechnet. So ausdauernd und intensiv, dass ihr inneres Radarsystem immer auf der Lauer lag, um jeden möglichen Angreifer frühzeitig zu erkennen. So wurde sie eben *streetsmart*: eine, die instinktiv und sofort die Gesetze gefährlicher Straßen erkennt.

In Boulder wird Linda dieses Talent verlernen. Schon die ersten hundert Blicke befrieden: im Westen die Flatiron Mountains, im Osten der unerreichbare Horizont der Great Plains, mittendrin eine hübsche Stadt mit ansehnlichen Fassaden, mit Radfahrern in der Überzahl, mit öffentlichen Bussen, die Fahrräder transportieren, schriftlich ausgehängten Aufrufen des Bürgermeisters zur Freundschaft mit der Natur, mit unzähligen dicken Bäumen und dem wuchernden Efeu an den Mauern der University of Colorado.

Sogar die Anzahl von Einwohnern, die mit Trainingshose über dem breiten Hintern und Lockenwicklern im Haar zum Einkaufen geht, hält sich in Grenzen. Ein stillschweigendes Gesetz zur Einhaltung der Grundregeln des guten Geschmacks und des guten Willens scheint hier umzugehen. Selbst Autofahrer hupen weniger oft unzüchtig, bremsen, verfügen über die Kraft zur souveränen Handbewegung, die dem Fußgänger den Vortritt anbietet.

Und eine Innenstadt haben sie hier, die auch nach Geschäftsschluss nicht tot liegenbleibt und noch um Mitternacht ohne Patronengürtel und Handgranaten betretbar ist. Cafés stehen offen, locken. Wo Frauen und Männer Zeitungen und Bücher lesen, wo Schriftsteller und Dichter ihre handlichen Computer auspacken, wo kein von MTV inszenierter Musikantenstadl die Ohren zertrümmert.

Hier will man hinein. Weil einer der verrückten Idee erliegt, den Ort wieder bereichert zu verlassen. Und wäre es nur, weil ein »*Healing Guide*« ausliegt, der auf 125 Seiten Therapievorschläge unterbreitet, darunter einen Kurs »*for better sexual loving*« anbietet. Dazu die Hohe Schule asiatischer Liebeskunst und »*the secrets of erotic kissing and touch*«.

Boulder ist anarchisch. Einen Kurs anzubieten, der Zärtlichkeit und Wollust – statt *banking* und *accounting* – als Lebensprinzip vorschlägt, das ist kühn. Und wäre das Ergebnis nur, dass *Joe Average* seine statistisch bestätigten zwei Minuten pro Tag nicht mehr im Schnellschussverfahren hinter sich bringt, sondern als wacher Liebhaber.

Mein erster Wunsch, Boulder zu besuchen, kam, als ich vor Jahren in Irland an einem Meditationskurs teilnahm, dessen Methode sich auf tibetische Ursprünge berief. Der Wunsch wurde unwiderruflich, als ich vor Wochen zwei kurz aufeinander folgende Zeitungsmeldungen las, die zu Heiterkeitsausbrüchen und Minuten tiefversunkenen Staunens führten. Die Rede war von dem Hollywood-Star Steven Seagal, der kürzlich von einer hohen tibetischen Autorität zu einem reinkarnierten Lama erklärt wurde. Das Heitere daran: Mister Seagal ist ein Schauspieler, der als Held mehrerer äußerst erfolgreicher »Guter-Bimbo-gegen-schlechter-Bimbo«-Filme die Welt durchaus so hirnlos und wacker aufräumte wie seine noch berühmteren, noch hirnloseren Kollegen Stallone und Schwarzenegger.

Ich interpretierte diese Notiz als geniale Publicity-Finte *made in USA* zur kubikmeterweisen Vergrößerung der Bankkonten aller Beteiligten. Einen vierschrötigen Kino-Rowdy als Wiedergeburt eines Erleuchteten zu verkaufen, das ist ein starkes Stück.

Ich beließ es dabei, bis ich Tage später wieder von Lama Seagal in der Zeitung las. Diesmal erfuhr der Leser, dass sich der Star drei Tage in Boulder am *Naropa Institute* aufhalten würde, um über die vier Unauslotbaren zu sprechen: Liebe, Mitgefühl, Freude und Gelassenheit. Ich wurde nervös, meine Vorurteile kamen durcheinander und ich beschloss, ihm zuzuhören.

Ein japanischer Mönch, der 1938 in die Vereinigten Staaten kam, hielt eine Lotusblüte an einen Felsen und meinte, dass diese Blume in diesem Stein eher Wurzeln schlagen würde als im Bewusstsein des amerikanischen Volks. So aussichtslos erschien ihm das Unternehmen Buddhismus in einem Land, das die materielle Megalomanie zum Maß aller Dinge erhoben hatte.

Das Bild des einsamen Mönchs an der Felswand hat etwas. Wenn Buddhismus auf diesem Kontinent ausbricht, dann als *new fashion*, als Tibet-Schick, als Motor für eine Industrie, die sofort Halden von Gerümpel herstellen wird, das anschließend als Meditationsequipment über Homeshopping zu bestellen ist. Der Bestseller wäre dann ein Liegesitz, von dem aus der interessierte Anfänger ein Video studieren kann, in dem Steven Seagal einem Unerleuchteten das Unerleuchtete herausprügelt.

Albert Camus bemerkte einmal in seinen Reisetagebüchern, dass man die Tragik des Lebens erst *nach* der Erfahrung dieser Tragik zurückweisen darf. Erst wer sie gelebt hat, hat das Recht, sie zu ignorieren. Anders, so Camus, die Amerikaner. Sie drücken sich schon vorher. *The Big Easy* auf Biegen und Brechen, für immer und vierundzwanzig Stunden am Tag. Nicht selten fand ich am Ausgang von Restaurants einen als »*Relief Center*« beschrifteten Kasten, eine Art Hausapotheke mit dem freundlichen Hinweis »*Keep it handy*«: Pillen für jede Unpässlichkeit, von Verstopfung bis Melancholie. Diese tiefe Sehnsucht nach Schwerelosigkeit. Diese bodenlose Angst vor Schmerz. Diese standhafte

Feigheit vor Einsamkeit. Der Verdacht, dass Wunden – die sichtbaren und die unsichtbaren – bisweilen einen Sinn haben, bisweilen irgendetwas mitteilen wollen, diesen Verdacht halten sie nicht aus. Er darf nicht sein, er muss weg, sofort.

Der spanische Dichter Juan Ramón Jiménez hat seine Bücher immer der »*immensa minoría*«, der ungeheuren Minderheit, gewidmet. Diese Minderheit existiert überall und am schillerndsten sicher in Amerika. Keine fünfzehn Minuten Fußmarsch vom Zentrum Boulders entfernt liegt das 1974 von einem Freund des Dalai Lama, dem vor den Chinesen geflohenen Tibeter-Abt Chögyam Trungpa, gegründete *Naropa Institute.* Kein Prunk, kein Pomp, nur sechzehn Gebäude mit humanen Dimensionen, neben jeder Mauer ein paar Bäume und ein paar Quadratmeter Wiese, hinter jedem Fenster ein Blick in die Welt. Was beruhigt, nach den ersten zehn Minuten, nach den ersten zehn Worten: Kein Weihrauchdusel nebelt den Besucher ein. Kein spirituelles Gestelze, kein erhabenes Gesülze. Nirgends dieses kuhblöde Lächeln der ewig Glücklichen in den Gesichtern der Anwesenden. Keiner predigt, dass alles wunderschön ist, und keiner mutet dem Neuankömmling so traumatische Sätze zu wie: »Alles ist göttlich an dir, du weißt es nur noch nicht.«

Hier backen sie bescheidener. »Nichts Heiliges, offene Weite«, las ich einmal über einem Zen-Kloster in Japan. Hier könnte das auch passen. Das 160 Seiten dicke Lehrprogramm bietet neben Religionswissenschaften, Sanskrit und engagiertem Buddhismus so weltliche Studien wie Gartenarchitektur, Anthropologie, Psychologie, Ökologie, Tanz, Theater, Musik, Gerontologie und Kreatives Schreiben an. Bemerkenswert auch der ausdrückliche Hinweis, dass neben intuitivem Verstehen auch intellektueller Scharfsinn gefördert wird. Wie erfreulich, man darf sein Hirn behalten, muss es nicht hergeben beim Unterschreiben seiner Immatrikulation. Als Namensgeber der Universität fungiert Meister Naropa, der vor neunhundert Jahren in Indien lehrte.

Insgesamt nehmen knapp zweitausend Studenten an den Kursen und Workshops teil, 750 davon *fulltime*. Aber weise und stark werden ist teuer. Ein Semester kostet fast 20 000 Dollar, hinzu kommen die Lebenskosten. Siebzig Prozent aller Teilnehmer erhalten ein Stipendium. Ungefähr fünfzig ausländische Studenten sind eingeschrieben, die meisten davon stellen die »erkenntnishungrigen« – so höre ich es – Deutschen. Zu den Leistungen der Schule gehört auch ein Bus-Pass, das Vergessen des eigenen Autos wird ausdrücklich empfohlen.

Dass Gründer Trungpa 1987 an Trunksucht und Krebs verstarb, wird nicht verheimlicht. Er war ein genialer Lehrer, ein Arbeitstier, furchterregend intelligent und belesen, großzügig bis zum Ruin, nie unempfindlich für die Gaben des Westens. Naropa versteht sich folglich nicht als Brutstätte geifernder Fundamentalisten, sondern als Hilfsmittel zur Freilegung von Begabungen und Fähigkeiten.

Der Campus ist klein und übersichtlich. Ein luftiges *memorial* aus buntem Papier für Allen Ginsberg hängt in den Bäumen, sogar ein japanisches Teehaus gibt es, um sich die geduldigen Gesten der Teezeremonie anzueignen. Viele Unterrichtsräume, ein märchenstiller Meditationsraum und ein modernst hochgerüstetes Computerlabor mit E-Mail- und Internet-Anschluss stehen zur Verfügung. Die Tänzer gehen in ihr *Performing Arts Center*, die Musiker in ihre Aufnahmestudios im *Music Building* und die Sprachverliebten in ihre Werkstatt mit den handbetriebenen Druckmaschinen, um so auf sinnliche Weise das Wunder Papier zu begreifen.

Ich gehe in die 27 000 Bücher starke Allen-Ginsberg-Bibliothek, den Sitz des *Department of Writing and Poetics*, den Ort, wo der Schriftsteller gemeinsam mit Anne Waldman *The Jack Kerouac School of Disembodied Poets* eröffnete. Rechts am Eingang steht ein Vierzeiler von William Blake: »*He who binds himself on joy / Does the winged life destroy / But he who kisses the joy as it flies / Lives in eternity's sunrise.*« Das klingt wie ein Motto, das die Arbeit des Naropa Instituts und das Werk Ginsbergs durchzieht. Nicht festhalten, nicht dableiben wollen, dafür genau im jetzigen Augenblick leben.

Zwischenblende: Im November 1993 kam der Dichter für eine Lesung nach Paris. Das Publikum – der Saal im Palais de Chaillot war bis auf die Stehplätze ausverkauft – johlte vor Vergnügen. Ginsberg las nicht, der Siebenundsechzigjährige entpuppte sich als Poesie-Schreier, er jauchzte, er trommelte, er tanzte sie. Und er berichtete von einem Vorfall aus Boulder, der sich vor Jahren ereignet hatte, als er gerade am *Naropa Institute* unterrichtete. Es ging ihm damals hundsgemein schlecht, sein Vater war gerade gestorben. Und Chögyam Trungpa überließ ihm als Trost nur zwei kurze Sätze: »*Let go.*« Und: »*Enjoy.*« Diesen paar Wörtern, so Ginsberg, wolle er vor seinem Tod noch auf die Schliche kommen: lassen, zulassen. Und der Pflicht, glücklich zu sein.

Kaum war die Geschichte zu Ende erzählt, schlug er den gerade so gerührten Zuschauern vor, das Hohe Lied auf sein Arschloch vorzutragen. Auf dass es noch lange lebe und ihm und seinen Liebhabern noch lange Freude und Vergnügen bereite. Und er sprach es, sang es, schleuderte es voll teuflischer Lust auf uns hinunter: »*O my dear asshole / may you stay / may you stay / may you stay / another long / another long time alive ...*«

Neben dem Gedicht von William Blake hängt ein Popgemälde mit dem Kopf von Jack Kerouac, wild darüber gepinselt steht:

»*Here is your cross of tenderness.*« An einer anderen Wand sieht man ein Foto von King Elvis, in einem Filmskript blätternd, Titel: »*Elvis Presley for American Libraries*«. Einen Meter weiter steht: »*... happy not yet to be a corpse*«, froh, noch keine Leiche zu sein. Auch der Satz stammt von Ginsberg. Alles an dieser Bücherei verströmt diese so verwirrenden, so beruhigenden Widersprüche des Dichters und des *Naropa Institute*: Gefühle veröffentlichen, Witz beweisen (Elvis als Bücherfreund!), den jagenden Hunger nach aller(vor)letzten Weisheiten und die urweltliche Liebe zum Leben.

Wer sich hier hinsetzt, wird abtauchen, wird überwältigt von dem Bedürfnis nach Stille und Gedanken. Wieder stoße ich – reiner Zufall – auf Paul Celan. Ich lese einen Aufsatz seines Übersetzers Michael Hamburger, der von der namenlosen Mühsal berichtet, einen Sprachtitanen wie Celan ins Englische zu übertragen: dass Hamburger bisweilen zwanzig Jahre (240 Monate!) lang mit einer – auf den ersten und auf den tausendsten Blick – unübersetzbaren Passage die zwei Millionen Wörter seiner Muttersprache abtastete, bevor ihn das rechte Wort, die rechte Wortstellung überfiel.

Warum die *Jack Kerouac School* im *Naropa Institute* als Schule der körperlosen Poeten bezeichnet wurde, kann mir keiner erklären. Vielleicht wollte Ginsberg seinem Freund ein ironisches Denkmal setzen. Denn weder Kerouac noch Ginsberg, keiner von all ihren dichtenden Freunden, kam je in den Verdacht, als schreibender Dünnmann sein Leben verbracht zu haben. Im Gegenteil, sie galten als Hurensöhne und lebenslänglich sexuell inkorrekt. Gerade ihr vehementer Versuch, den Sehnsüchten des Körpers, auch den verleugnetsten, ihr Recht zu verschaffen, gehörte zu ihrem vom Spießer ebenso lebenslang gehassten Markenzeichen.

Abends durch Boulder schlendern. Ich glaube, es war Alfred Polgar, der behauptete, dass manche Leute ins Kaffeehaus gehen, weil sie allein sein wollen und dabei Gesellschaft brauchen. Ach, wie wahr. Die hiesigen Kaffeehäuser sind abends voll und keiner stört. Dass immer wieder ein paar »Sandler« – so hätte der Wiener Polgar die obdachlosen Penner genannt – hereinkommen und sich von denen, die ein Obdach haben, zu einem Kaffee einladen lassen, stört auch nicht. Zeitungsstöße liegen herum, für jeden genug, für jeden mindestens ein halbes Kilo Buchstaben.

Wichtigste Meldung der Abendnachrichten: Auch in Boulder ist das Gefängnis überfüllt. Fast um das Doppelte, vierhundert sitzen zur Zeit ein. Nun geht der Sheriff bei den Bürgern hausieren, damit sie den notwendigen Ausbau finanzieren. Die Entfernung zwischen dem Stadtgefängnis und dem vom *Naropa Institute* mitten in der Stadt errichteten *Shambala Meditation Center* ist gering. In diesem Zentrum wird unter anderem ein Kurs über *unlimited friendliness* angeboten. Ganz offensichtlich hat Buddhas Lehre von der grenzenlosen Freundlichkeit noch nicht in allen Bevölkerungsschichten Fuß gefasst. Die Nachricht ist wichtig. Damit keiner auf die absonderliche Idee kommt, hier im schönen Boulder hätten sie Antworten auf alle Fragen.

Als leiser Zuschauer darf ich am nächsten Tag an einem Seminar von Studenten teilnehmen, die sich in *Writing and Poetics* eingeschrieben haben, fünf Frauen, ein Mann. Und ein Prof, der Finne Anselm Hollo, ein seit dreißig Jahren in den Staaten tätiger Schriftsteller. Er lehrt nebenbei an den Universitäten Helsinki und Tübingen, machte sich auch als Brecht-Übersetzer einen Namen. Wir sitzen im *Chestnut House*. Die intime Atmosphäre des kleinen Kastanienhauses entspannt. Meine erste Befürchtung, dass sie hier täglich einen hehren Literatur-Gottesdienst abfeiern, tritt nicht ein. Der Alte ist geistreich und schlagfertig, die

Jungen sind penetrant neugierig und schwer verliebt in die englische Sprache. Die Umgangsformen sind eher amerikanisch, sie lachen viel, am lautesten, als jemand furzt.

Nun hat sich unter den Einsichtigen seit Erfindung des Alphabets herumgesprochen, dass die Kunst des Schreibens weder mit Entspanntsein noch mit guter Laune noch mit Kursen in Kreativem Schreiben zu tun hat. Auch wenn sie in unmittelbarer Nähe des Erleuchteten stattfinden. Auch nicht mit menschlich hochanständigen Motiven oder mit einem aufregenden Leben. Das hilft, reicht aber nicht. Sonst wäre Tarzan Dichter geworden. »Talent«, heißt es auf jiddisch, »mecht schon sein.« Und das ist ein Geschenk des Teufels, so ungerecht, so zuträglich und ruinös wie atemberaubend schön oder atemberaubend intelligent sein.

So mag einer von solchen Lehrgängen halten, was er will. Aber ich begreife während der zwei Stunden, in denen ich dem Amerikaner, den vier Amerikanerinnen und der Australierin zuhöre, dass sie auf geradezu unverschämte Weise privilegiert sind. Ein paar Jahre dürfen sie Worte ausprobieren, dürfen sich auf nichts anderes konzentrieren als auf den feudalen Luxus, das exakte Wort zu finden. Konzentriert sich die Mehrheit der Studenten des Landes auf Wirtschaftsstudiengänge, um später einmal exakt ausrechnen zu können, wie viele Stoßdämpfer und Gemüsemixer das Volk braucht, so reden sie hier über ihre mitgebrachten Gedichte, hören Vierteltöne, feilen an Nuancen und fürchten sich wohl alle vor dem herrischen Satz von Mark Twain, der uns wissen ließ, dass der Unterschied zwischen dem richtigen Wort und dem beinahe richtigen Wort derselbe ist wie der zwischen einem Blitz und einem Glühwürmchen.

Und sie wissen, dass sich – statistisch gerechnet – keiner von ihnen einmal von der Poesie ernähren wird. Auch nicht von Prosa. Sie werden – wenn sie ihn verkraften – einen brauchbaren

Kompromiss finden und ihren ästhetischen Sinn für Sprache und ihren *Master of Fine Arts* als Herausgeber einsetzen, als Lehrer an einer Universität oder als einer, der die geduldige Kunst des Lesens versteht: als Lektor. Interpretiere ich zwei, drei Nebensätze von Anselm Hollo richtig, agiert er hier auch als Mahner, der zum *reality check* aufruft: damit keiner aus Liebe zur Sprache erblindet und die Wirklichkeit aus den Augen verliert.

Am Wochenende ist Steven Seagal in Boulder. Auf Einladung des *Naropa Institute* wird er zum Thema »Mitgefühl und die Seele des Kriegers« einen Vortrag halten. Man ist auf zwiespältige Weise überrascht, der Mann hat ein paar starke Erfahrungen hinter sich. Ende der sechziger Jahre geht er als Zwanzigjähriger nach Japan, probiert Zen-Meditation, besucht verschiedene Klöster, studiert Buddhismus und Akupunktur, fängt an, Aikido zu trainieren: Das ist eine Kampfkunst, die ihr legendärer Erfinder, der Japaner Morihei Ueshiba, als »die Kunst des Friedens« vorstellte. Rein defensiv, eine Frage der Konzentration, des Timings, der inneren Balance. Ueshiba: »Das Geheimnis von Aikido ist nicht, wie du deine Füße bewegst, sondern deinen Geist.« Als Seagal nach Amerika zurückkehrte, begann seine Karriere als Star schwachsinniger Kinofilme. Seine Karriere als Buddhist, der vier Stunden pro Tag im Lotussitz nach Gewaltlosigkeit und tieferer Erkenntnis lechzt, entging dem breiten Publikum. Das große Hohngelächter setzte erst ein, als er von Seiner Heiligkeit Penor Rinpoche als Lama geoutet wurde. Die hartnäckigsten Zyniker behaupteten gar, ein Haufen Schmiergeld sei im Spiel gewesen, um sich den tibetischen Heiligenschein aufs Haupt setzen zu dürfen.

Der Saal wird voll. Vielleicht dreihundert Interessierte, die meisten sind Schüler verschiedener Kampfsportarten, wollen den Aikido-Meister sehen. Seagal enttäuscht nicht, auch nicht die

Lästermäuler. Das schwarze Haar wie immer nach hinten zum Pferdeschwanz gebunden, Jeans und darüber ein weites orientalisches Hemd. Er wirkt gefasst, trinkt Tee, redet unaufgeregt und klar, beantwortet Fragen. Er sieht selbst den Widerspruch zwischen seinen Filmen und den spirituellen Ansprüchen, nach denen er zu leben vorgibt. Aber er war unter Vertrag bei Warner Brothers, die ihn ausschließlich für Actionfilme einsetzen wollten, was heißen soll: pro neunzig Minuten eine Mindestzahl wüster Schlägereien, eingerahmt von einer stattlichen Reihe fulminanter Explosionen und komplikationsloser Erschießungen. Der Vertrag sei jetzt zu Ende, er wolle sich in Zukunft stärker in seiner Arbeit als Buddhist profilieren, wolle einen Film über Tibet drehen und endlich Produkte anbieten, die den Menschen Besinnung und Freude brächten.

Wer weiß, ob Steven Seagal nun ein gerissenes Schlitzohr ist, das seine heiligen Sprüche hernimmt, um sich ein paar zusätzliche Headlines zu verschaffen. Dass er Widersprüche überhaupt wahrnimmt und sie nicht sarkastisch wegredet, soll als Pluspunkt gelten. Entschieden einfacher lassen sich jedoch seine Fähigkeiten als Aikido-Kämpfer nachprüfen. Es kommt zu verblüffenden Szenen. Mit seinem japanischen Freund, mit dem er sich fließend in dessen Sprache verständigt, demonstriert er zuerst verschiedene Verteidigungspositionen.

Der Gipfel der Virtuosität kommt aber erst, als Seagal – wiederholt – Freiwillige aus dem Publikum nach vorn bittet, um ihn anzugreifen. Natürlich Freiwillige, die selbst Aikido unterrichten, am liebsten *sensei*, die Meister. Schon beneidenswert, wenn man einem zuschauen darf, der mit extremer Körperbeherrschung und großem Gleichmut gleichzeitig drei ausgewachsene Männer auf die Matte befördert, Sekunden später erklärt, wie er sie dorthin befördert hat, sich anschließend gelöst wieder hinsetzt, wieder eine Schale Tee zu sich nimmt und einmal mehr darauf hinweist, dass die vier Unauslotbaren – Liebe, Mitgefühl, Freude und Gelassenheit – unser aller Ziel sein sollten.

Über einen anderen in dieser Stadt muss ich noch berichten. Selbst für den halben Lotussitz ist er zu rund. Und zu leichtsinnig, um nur auf die Idee zu kommen, irgendwelche Verteidigungsgriffe auswendig zu lernen. Samuel Beast – mit vollem falschen Namen – sitzt in der Sonne der Rocky Mountains und verkauft seine handgebundenen Gedichte. Jedem, der vorbeigeht, schaut er in die Augen. Diejenigen, die zurückschauen, spricht er an. Der Neunundfünfzigjährige sieht aus wie ein neunundfünfzigjähriger Bär, lieb, tapsig, eher beschützend. Papiergefaltet und mit einer hübschen Tuschezeichnung versehen, liegen seine zwei, je acht und zwölf Gramm leichten, Werke für fünf Dollar das Stück vor ihm auf dem Tischchen. Sie tragen die pompösen Namen »Die Geburt des Jetzt« und »Aphrodisia«.

Die Mutigsten, die Großzügigsten, also diejenigen, die es riskieren, zehn Minuten lang abzulassen von der fixen Idee, sie müssten irgendetwas jetzt und sofort erledigen, setzen sich und lauschen dem Bär und seinen spinnösen Träumen. »Knüttelverse« nennt er seine Dichtungen lässig. Wenn so etwas funktioniert – jemanden mitten an einem Werktag zum Anhören von Versen zu verführen –, dann nur in Orten wie Boulder. Da aber Samuel seine deftigen Knüttelverse selbst vorträgt, fällt das Verführtwerden leichter.

Viel Erotik – »*... your tips received my kisses / as trees receive breezes ...*« – kommt vor. Das berührt umso mehr, als im Leben von Samuel Beast so viel Erotik nicht mehr vorzukommen scheint. Er liegt also ganz im postmodernen Trend: Liebe und Sex werden nicht mehr gelebt, nur noch erinnert oder angekündigt.

Oder: Liebesgedichte sind teuer, oft kosten sie die Liebe. Wer liebt, schreibt nicht. Und wer nicht liebt, schreibt über die Liebe, zu der er nicht imstande ist. Notiert Samuel, was er versäumt?

Ein ziemlich bürgerliches Dasein liegt hinter ihm. Er versteht noch immer nicht recht, warum er so viel Zeit benötigte, um es unerträglich zu finden und wegzuwerfen. Er erzählt von seiner depressiven Mutter, die ihr eigenes Leben auf der Suche nach ihrem *Prince Charming* versäumte. Er sieht sie versunken auf einer Couch sitzen, hingerafft von einer Überdosis Träume, die nie Wirklichkeit wurden. Der Märchenprinz kam nicht, dafür ein unglaublich normaler Mensch, den sie heiratete und den sie für den Rest der gemeinsamen Existenz für ihre Niederlagen verantwortlich machte.

Samuel wird verschwitzter Vertreter im Druckgewerbe: wie Dinge anbieten, wie den potenziellen Kunden einlullen, wie alle Kaufwiderstände überwinden? Ein Beispiel: Der zögernde Kunde sagt am Ende des Gesprächs den härtesten Satz, den ein Verkäufer aushalten muss: »Ich kann es mir nicht leisten.« Wie mit einer solchen Bankrotterklärung umgehen? Ganz einfach: Schuldgefühle erzeugen, also gefasst und trocken einen Satz wie den folgenden loslassen: »Sie allein müssen entscheiden, was Ihnen wichtiger ist, Ihr Geldbeutel oder die Erziehung Ihrer Kinder.«

Für Jahre verschleudert Samuel die berühmte *Encyclopedia Britannica*. Nicht begabt, nicht unbegabt, eben mühsam und lauwarm. Eines Tages trifft er den abgefeimtesten Vertreter der Truppe, den Mann mit der seit langem besten Verkaufsbilanz. Er fragt, ob er ihn einmal begleiten dürfe, er wolle sehen, wie ein Champion es anstellt. Und der Champion sagt Ja, sie ziehen los.

Eine rasante Story folgt. Sie läuten an der nächstbesten Wohnungstür, man öffnet, sie stellen sich vor, der Hausherr führt sie ins Wohnzimmer, dessen eine Tapete groß mit *»JESUS SAVES«*

beschriftet ist. Das fromme Paar hört interessiert zu, bald liegen die Papiere zur Unterschrift bereit, der Weltmeister fragt noch, ob sie die Ausgabe in Weiß oder in Rot gebunden haben wollen. Und da passiert es. Der Ehemann gesteht: »Wir erwerben nichts, ohne vorher den Herrn zu befragen.« Jeder mittelmäßige Vertreter würde nun einpacken und – schon wissend, dass er verloren hat – um einen Anruf bitten, sobald die Entscheidung gefallen ist. Nicht das As. »Gut«, sagt der Champion, »fragen Sie den Herrn. Wir werden mit ehrfürchtigem Schweigen danebensitzen und warten.«

Und das gottesfürchtige Paar faltet die Hände, ruft nach dem Herrn, wird lauter und stürmischer, geht in die Knie, spricht in Zungen, wälzt sich zuletzt, verzückt und wie von Sinnen, auf dem gelbbraunen Teppichboden. Und in diesem Augenblick beweist der Champion, dass er ein wahres Genie ist, springt auf das Sofa, reißt beide Arme hoch, zeigt in den Himmel und schreit: »*Did you hear HIM? HE talked to you and HE told you YES! Three times YES!*« Und der von der Zwiesprache mit dem Herrn leicht mitgenommene Hausherr haucht zaghaft: »*Yes, the Lord said yes.*« Und holt die 400 Dollar, Anfang der sechziger Jahre eine Menge Bares, rückt sie heraus, unterschreibt und begleitet die beiden dankbar hinaus. Und kaum ist die Tür zu, wetzt das strahlende Genie das Treppenhaus hinunter, mitten hinein in die nächste Bar. Der Champ war ein Säufer. Und der unbeugsame Wille, so schnell wie möglich an Geld heranzukommen, um dasselbe ebenso zügig in Alkohol umzusetzen, machte ihn unschlagbar.

Tage danach geht es Samuel schlecht, er wird krank, zuletzt todkrank. Bewegungslos und ohne Stimme liegt er im Bett. Er beschließt, dass er das Leben eines Vertreters satt hat. Und dass er Dichter werden will. Diese beiden Gedanken machen ihn gesund. Er verkauft den Plunder seines bisherigen Lebens, zieht in einen Bus, zieht damit in den nahen Wald und fängt an zu schreiben. Als ihm das Ersparte ausgeht, überwindet er die nächste Angst und lässt seine Arbeiten drucken. Mit einer Kiste voller Liebesgedichte verlässt er den Wald und fährt mit seinem Wohnmobil von einem Popkonzert zum nächsten. Dort erlebt er zum ersten Mal das sagenhafte Gefühl, dass jemand Geld investiert, um seine Gedanken zu lesen.

Seit ein paar Monaten lebt der Dichter nun im Wald vor Boulder. Tagsüber kommt der Bär in die Fußgängerzone und schaut allen in die Augen. Und zitiert jedem, der es mag, seine fernen Amouren ins Ohr: »*You'll fly with my wings and sing the Song of innocent lips …*« Schon klar, mit solchen Zeilen wird Samuel Beast nie in der Bestsellerliste der *New York Times Book Review* auftauchen. Zu Recht. Aber er gehört zu denen, die davonkamen. Aus der Tretmühle eines fertigen Lebens. Ein *yes-man* weniger im Jahrhundert der Erfindung der Vollkasko-Versicherung. Wie beflügelnd.

LAS VEGAS

Zurück nach Denver. Als ich in den Greyhound Richtung Westen umsteige, erfahre ich, dass es sich um einen *kneeling bus* handelt. Das ist ein Bus, der sich vorn absenkt. Damit sich die Dicken beim Erreichen des ersten Trittbretts nicht so anstrengen müssen. Damit sie ausgeruht ihren Sitzplatz erreichen.

Boulder liegt bald weit hinter mir. Die neuen Köpfe sehen anders aus als die, von denen ich mich vor zwei Stunden verabschiedet habe. Schön dumpf und leer. Und darüber der dröhnende Walkman. Man könnte glauben, vertonte Scheiße schwappte in ihre Ohren. Schon eindrucksvoll, womit das menschliche Hirn alles heimgesucht wird.

Nach acht Stunden Aufenthalt in direkter Nähe meiner Trümmermusik-Freunde widerfährt mir ein seltsames Phänomen: Durch das Fenster sehe ich eine riesige Hinweistafel. »*EAT*« steht da. Und das bunte Foto eines vier Quadratmeter großen Steaks hängt daneben. Ich muss wohl so ausgehungert sein nach etwas wie Gedanken und Gefühlen, dass ich zuerst »*READ*« lese und mich zugleich wundere, was der Aufruf zur Lektüre mit einem 3000 Kalorien schweren Fleischstück zu tun hat. Fazit: Es gibt ganz offensichtlich Fata Morganas für diejenigen, die *nicht* an Hunger und Durst leiden, aber nach anderen Zuständen hungern und dürsten.

Pausenstopp in Grand Junction. Wieder ein Härtetest für Labile. Am beschütztesten scheint man noch in der Cafeteria des Terminals. Wer sich rauswagt, läuft Gefahr, sich aus Verdruss vor die durchdonnernden Trucks zu werfen. Ich bin widerspenstig genug und traue mich in einen nahen Park. So könnte der Hinterhof eines Zuchthauses aussehen, auf dem Schwerverbrecher einmal täglich Auslauf haben. So deprimiert liegt das Gras neben der Interstate 70. Mit dem Unterschied, dass ein paar Bänke herumstehen, auf deren Rückenlehnen Werbesprüche geklebt sind. Einer davon ist ausgesprochen intelligent, ein Reisebüro bietet unter dem Motto »*Get away*« seine Dienste an. Das ist diabolisch. Denn wer sich hier niedersetzt und geradeaus blickt, der will nichts anderes als von hier abhauen. Das einzige, was hier auf menschenwarme Energie schließen lässt, ist eine unter der Bank liegende Präservativschachtel, leer und erfrischend dümmlich beschriftet: »*With pride we say: Made in America.*«

Ich habe eine Zeitung mitgebracht. In dieser Umgebung finde

ich genau die Meldung, die hierher gehört. Ein Drogendealer wird verdächtigt, mindestens neun, wenn nicht über dreißig drogenabhängige Frauen mit HIV infiziert zu haben. Sex für Crack. Eines seiner Opfer, immerhin 15, gibt zu Protokoll: »*He used his charm. He'd say: ›What's up, Baby? Can I take you to dinner?*‹« Was lernen wir daraus? Andere Länder, anderer Charme.

Irgendwann hupt der frischgewaschene Bus. Abfahrt. Lange Stunden später sehe ich die Lichter von Las Vegas. Ein hübscher Zufall will, dass ich gleichzeitig im Radio die Sendung »Brennpunkt Familie« einschalte. Der christliche Sender findet die richtigen Worte: »… *evil over evil will come over you.*« Ich weiß den Zusammenhang nicht, sicher ist der packende Satz eine Anspielung auf die nahe Stadt. Bald werde ich wissen, dass es die falschen Worte sind. Teuflisch ist in Las Vegas überhaupt nichts. Ach, wenn doch nur.

Vom Terminal aus bestelle ich kurz vor Mitternacht ein Zimmer. Das klappt. Was auffällt, ist der höfliche Mensch am anderen Ende der Telefonleitung, der mich trotz meines Hinweises, dass ich allein komme, fragt, ob ich ein oder zwei Betten benötige. Zehn Minuten später weiß ich den Grund der seltsamen Frage. Ich stehe in der Lounge des *Circus Circus Hotel* am Ende einer drei Schleifen langen Schlange von gut hundert ballondicken Kugelmenschen, jeder einzelne viel zu pneumatisch, um in nur einem Bett Platz zu finden. Durchaus passend dazu die überall aushängende Eigenwerbung des Hotels, die auf »tausend neue Betten«, größer und breiter denn je, hinweist. Jetzt kann der Bunker insgesamt dreitausend *fatties* beherbergen.

Als ich das Licht in meinem Zimmer einschalte, geht gleichzeitig der Fernseher an. Damit nicht das Bedrohlichste ausbricht, was im Umfeld eines modernen Menschen ausbrechen kann: Stille. Und bräche sie auf dem sechs Sekunden langen Weg von der Tür bis zur Fernbedienung aus. Stille scheint angsteinjagender als 120 Dezibel.

Das ist eine Windel-Society. Jedem in diesem Land werden ununterbrochen die Windeln angelegt. Schon ein simpler Telefonanruf ohne die aufdringliche Hilfe eines *operator* scheint nicht machbar. Wer ein Restaurant betritt – und sei es drittklassig –, muss warten, bis ihn ein hauptamtlich dafür angestellter Mitmensch an einen Tisch führt. Und sei der Raum leer. Das alleinige Auffinden eines freien Platzes scheint nicht zumutbar. Bevor ich mein Zimmer betrete, bin ich verpflichtet, die Sicherheitshinweise zu lesen. Fürsorgliche Belagerung, kein Atemzug ohne den entsprechenden Sicherheitshinweis.

In meinem Nachtkästchen liegen die Gelben Seiten. In allen Hotelzimmern Amerikas haben sie wohl nur einen Zweck: die Auflistung der ortsansässigen Huren. Da nun die Hurerei in Clark County – und hier liegt Las Vegas – verboten ist, müssen die Ladies und Gentlemen als »*private dancers*« annoncieren. Oder als »*prestige talkers*« und »*college roommates*«. Ich zähle nach und komme auf 886 Agenturen (mit wie vielen Agenturmitgliedern?), die vierundzwanzig Stunden am Tag bereit sind, die zahlreiche Klientel mit dem einen und einzigen zu versorgen.

Neben den Gelben Seiten wartet die Heilige Schrift. Das ist das Schöne an Amerika: die Scheinheiligkeit neben der Heiligkeit. So hat jeder seinen Frieden, auch Mister Kennen, der mir an der Rezeption ausdrücklich versicherte, dass es sich um ein familienfreundliches Hotel handelt.

Las Vegas ist schon etwas Besonderes. Sicher eine der wenigen Städte der Welt, deren *Yellow Pages* zwei Arten von Buchhandlungen aufweisen: *adult books*, das sind Buchhandlungen, die Bücher für Männer anbieten, in denen immerzu Fotos von nackten Frauen auftauchen. Und *books*: Darunter werden jene Buchläden aufgelistet, die Bücher verkaufen, in denen kaum nackte Frauen zu finden sind. Folglich anstrengende Bücher, die man tatsächlich lesen muss.

Las Vegas ist ein Prüfstein. Hier wird einer erfahren, was an Menschenfreundlichkeit und Toleranz in ihm verborgen ist. Wer hinterher noch immer das Göttliche, das wunderbar Einmalige in jedem erblickt, der hat es geschafft, der ist vor jedem Versinken in schwarzen Absurdismus sicher.

Am nächsten Morgen muss ich im hoteleigenen *Pink Pony* zum Frühstück antreten. Ein eherner Prüfstein, der Herr muss mir beistehen: Halbnackte Männeroberkörper in ärmellosen Unterhemden, Ehegattinnen mit Tätowierungen auf schwammigen Oberschenkeln und Kinderscharen, die hart und diszipliniert daran arbeiten, so uferlos fett zu werden wie *Pa* und *Mom*, bevölkern das rosarote Restaurant. Meine Augen klammern sich an die bildhübsche und heitere (wie macht die das?) Bedienung, die auf den sagenhaft schönen Namen Maria hört. Der Klang dieser fünf Buchstaben und der Anblick des schönen Menschen stärken.

Ich traue mich hinaus. Es beginnt durchaus positiv. Vor dem *Frontier Casino* wird seit sechs Jahren gestreikt, der längste Lohnkampf in der Geschichte amerikanischer Gewerkschaften. Schon 72 Monate lang stehen die gefeuerten, sich tapfer abwechselnden Angestellten mit Poster und Megafon vor dem Etablissement, machen Stimmung und erzählen den vorbeikommenden Touristen, dass es sich hier um ein Ausbeuter-Unternehmen handelt. Seit kurzem mit Erfolg: Das Geschäft ging runter, die Besitzerin hat verkauft, der zukünftige Eigentümer unterschrieb bereits alle ausstehenden Arbeitsverträge. Sobald er eine *gambling license* bekommt, wird neu eröffnet und der Streik offiziell eingestellt.

Im Übrigen, so höre ich von Rock, einem der zähesten Langstrecken-Demonstranten, sei die Casino-Mafia aus Las Vegas verschwunden, habe seit langem auf den lukrativeren Drogenhandel in anderen Gegenden des Landes umgeschult.

Dafür ist David Copperfield unter uns. Er könnte diese Stadt erfunden haben oder, noch einleuchtender: Sie hat ihn entworfen, hier wurde er geklont, denn so vieles an ihm scheint erfunden. Sogar seine Wimpern sind synthetisch. Im Berufsleben zaubert er als Magier genial virtuelle Wirklichkeiten. Und für sein Privatleben zauberte er eine Lovestory: mit Deutschlands höchstbezahlter Prinzessin Erbsenhirn, Claudia Schiffer.

Beide haben sich – vertraglich sauber geregelt – verpflichtet, ein gemeinsames Liebesleben aufzuführen. Ziel des »Traumpaars« – beide sehen aus, als wären sie als Retortenbabies der internationalen Kosmetikindustrie zur Welt gekommen – ist ein zweifaches: Der Name Schiffer soll dem Wimpernträger Copperfield dazu verhelfen, in Europa groß herauszukommen. Als Gegenleistung will der hochbegabte Zauberlehrling versuchen, Ruf und Ruhm von »*Glooodia*« in den Staaten zu vermehren. Denn hier regiert ein anderes schlichtes und märchenreiches Menschenkind, Cindy Crawford.

Ich erinnere mich eines Gesprächs mit Karl Lagerfeld, in dessen Verlauf ich ihn bat, zu dieser weltweit propagierten Hanswurstiade Stellung zu nehmen. Und Kaiser Karl, todernst: »Aber nein, Sie irren sich. Das ist Liebe. Als die beiden bei mir wohnten, haben sie in *einem* Schlafzimmer übernachtet.« Ach, Meister, die Antwort hat was Rührendes.

Las Vegas und ich, wir scheitern aneinander. Hass auf den ersten Blick. Hier gelingt mir nichts, ich bin linkisch wie ein Mann beim Anblick einer weinenden Frau. Jede Bewegung führt in die falsche Richtung. Sogar der Wunsch, Post aufzugeben, misslingt. Ich finde keinen Briefkasten. Vielleicht wäre es energiesparender, wenn ich die zwei Kuverts in die nächste Stadt transportierte.

Oder es erledigte wie in Afrika, wo Busfahrer die mitgegebene Korrespondenz in jedem größeren Dorf aus dem Fenster werfen. Damit derjenige, der lesen kann, sie an die Adressaten weitergibt.

Selbst Telefonieren geht daneben. Ich will bei Greyhound anrufen, um den Fahrplan des nächsten Tages zu erfahren. Ich wähle die Nummer und höre als erstes einen Werbespruch zum Thema Hausratversicherung. Andere Versicherungen folgen. Ich komme nicht durch, begreife nur, dass Unternehmer immer häufiger Werbeschleifen einspielen, um die Unkosten ihrer 0800-Nummer zu finanzieren. Die andere Nummer, mit einem *quarter* vom Anrufer zu bezahlen, ist gnadenlos durchgehend besetzt. Nach zwanzig Minuten verlassen mich die Nerven, jetzt sind die kostenlosen *fun books* an der Reihe, die verschiedene Hotels vor Ort verschenken. Ich will die Abfahrt meines Busses erfahren und werde mit schrillen Hinweisen auf ein *fun book* gefoltert. Ich will jetzt keinen Spaß, ich will eine menschliche Stimme, die mein kleines Bedürfnis zur Kenntnis nimmt und darauf eingeht. Erschöpft hänge ich ein und mache mich auf den Weg zur vier Kilometer entfernten Busstation. Irgendwer verkündete den genialen Satz: »*You don't drink the beer, you drink the advertising.*« Wahrer geht's nicht.

An einem Sonntagnachmittag durch die Wüstenhitze von Las Vegas marschieren, ich will mich nicht schonen. Wut macht produktiv. Plötzlich erinnere ich mich eines Gedichts von Rainer Malkowski, in dem er über »Sonntagsspaziergänger« schreibt. Arme Teufel, paarweise, als Großfamilie oder mutterseelenallein, die nicht wissen, wie die Zeit totmachen am Tag des Herrn. Und die in immer kürzeren Abständen nach oben blicken: ob denn nicht – Herr, erlöse uns – endlich Regen fällt, um wieder nach Hause vor die Glotze rennen zu dürfen.

Aber in Las Vegas fällt kein Regen. Und hier spazieren nicht missmutige Europäer, sondern gutgelaunte Amis, die nicht gehen, sondern die Stadt durchfahren und bei offenen Autofenstern die Welt an ihrer neuesten Quadrophonie-Anlage teilhaben lassen. Nichts fehlt zum fehlerlosen Glück, an jedem dritten Straßeneck hängen bunte Riesenfotos von »*Alaskan King Crab Legs*« und »*One Pound New York Steaks*«. Polizisten auf Fahrrädern grinsen. Die Mountain-Bikes seien praktischer bei den sperrigen Menschenmassen, heißt es. Einmal sehe ich sie auf ein Gebäude zusprinten, die Räder hinwerfen und die Pistolen ziehen. Hinterher passiert nichts. Stille. Vielleicht eine kleine Showeinlage für das internationale Publikum? Ein Dutzend Bullen mit Fahrradhelmen und nach vorn gestreckten Waffen umlagern eine düstere Lagerhalle, das sieht nicht schlecht aus.

Noch eine zweite Spezies von Radfahrern existiert in dieser Stadt. Das sind die Tagelöhner, die auf ihren Gepäckträgern Stöße von voluminösen Heftchen transportieren, vor jedem der Hunderten von Zeitungskästen auf den Trottoirs halten, den Rest rausräumen, dann nachfüllen: neue, dicke Schmuddelhefte mit vielen Nackten, schwarze Zensursternchen auf dem *golden triangle*. Somit erfährt der interessierte Leser unter anderem, dass die *Chicken Farm* einen kostenlosen Limousinen-Zubringerdienst vom Flughafen zum Hühnerhof-Bordell anbietet. Eine der Damen spreche sogar sechs Sprachen, wobei *Spanish* fettgedruckt ist. Das kann nichts anderes bedeuten, als dass mexikanische Geschlechtsteile – die naheliegendsten – besonders willkommen sind. Auch Behinderte sollen sich trauen, man sei voll ausgerüstet.

Ich gebe zu, dass diese beiden Worte in diesem Zusammenhang so manchen Nebengedanken entfesseln. Man hätte schon gern gewusst, wie ein behindertengerecht ausgerüstetes Pufflager aussieht. Dass es das alles gibt, gut so. Ein jeder, aber wirklich ein jeder, hat das Recht auf den Duft einer zarten Haut. Und müsste er dafür seine Mastercard herausziehen. Noch der bezahlte Geruch ist menschlicher als ein Dasein ohne jede Nähe.

Es gibt Tage, da fliegt man aus der Kurve. Und kein Gegensteuern rettet. Ohnmächtig muss man zusehen, wie das Leben abstürzt. Mit bravouröser Zielgenauigkeit führt einen das Unbewusste an die falschen Plätze, zu den falschen Zeitgenossen. Dabei irrt es sich nie. Dass mein Blick ausgerechnet auf eine Shell-Tankstelle fällt, bei der das große »S« fehlt, es wundert mich nicht mehr. *Hell*, es stimmt so genau.

Neben der Greyhound-Station – endlich bekomme ich eine brauchbare Information – steht der Eingang zum *Fremont Street Experiment*, dem von Casinos (»*More Casino Fan*«), Würstelbuden (»*Dinners for Winners*«) und Teddybär-Boutiquen dichtestbesiedelten Ort auf dem Planeten.

Ich nehme noch keine zwei Minuten an diesem nervenzerfetzenden Experiment teil, als ein Typ – Mitte fünfzig, hautkrank und den stieren Blick des Entschlossenen in den Augen – auf mich zukommt und mir ein Langnese-Eis anbietet. Blitzschnell vermute ich, dass er aus dem Jesus-ist-die-Antwort-Kirchlein kommt, das in unmittelbarer Nähe steht, glaube noch, dass es sich um einen Akt spontaner Großzügigkeit handelt, und frage naiv: »*Why?*« Und der Hautkranke: »*I want to fuck you.*« Er muss meinen elenden Gesichtsausdruck gesehen haben, anders wäre er nicht auf die Idee gekommen, mich für miserable 39 Cents ums nächste Hauseck ziehen zu dürfen. Beleidigt wandere ich zurück zu meinem Hotelzimmer. Dort steht ein Tisch zum Lesen und Schreiben. In seiner Nähe will ich heilen.

Aber ich mache noch einen Fehler. Verschwitzt komme ich an. Um mich zu entspannen, schalte ich den Fernseher ein. CNN –

»*the world's news leader*«. Der serviert die komplexen Zustände der Welt im Lieschen-Müller-Format. Immer wenn ich auf diese TV-Station aus Atlanta stoße, fällt mir ein Aphorismus von Woody Allen ein: – »Sag, Woody, hast du ›Krieg und Frieden‹ von Tolstoi gelesen?« – »Klar.« – »Um was geht es in dem Roman, Woody?« – »Na, um was wohl? Um Krieg und Frieden.«

So ist CNN. Ich erinnere mich an einen Februarabend 1991, als Ted Turner der Welt und mir den Golfkrieg erklärte. Dass sein Mann in Bagdad, Peter Arnett, ununterbrochen die sauber erstunkene Falschmeldung verbreitete, dass CNN die einzige westliche Nachrichtenquelle in der irakischen Hauptstadt sei, war das geringste Übel. Was physisch weh tat, da es von außergewöhnlicher Flachköpfigkeit und Präpotenz kündete, war der gehörige Mangel an Hintergrundinformation. Was weltweit rüberkam, war die ununterbrochene Verlautbarung der offiziellen Pentagonpolitik: der heuchlerische Stuss von der Wahrung demokratischer Spielregeln im Nahen Osten und ähnliche Sottisen. Und die schwer zu unterdrückende Genugtuung über das Zusammenbomben von Bagdad. Diese hochprofessionelle Nonchalance, mit der hier vom Siechen und Sterben der anderen berichtet wurde – zum Speien.

Dieser Februarabend erwies sich als fruchtbar. Mitten im Bombenhagel verließ ich meine Wohnung, stieg die drei Stockwerke hinunter, öffnete im Hinterhof den Deckel der Mülltonne, ging wieder nach oben, nahm den Fernseher und schleuderte ihn zielgenau vom Balkon aus in den Container. Das berstende Klirren um elf Uhr abends empfand ich als ausgesprochen befreiend. Seitdem hat nie wieder ein Fernsehgerät eine Wohnung von mir betreten.

Heute beschert uns CNN ein paar Augenblicke über die jüdischen Siedler in den besetzten Gebieten, dann ein paar Sekunden über die »Befreit-Tibet«-Kampagne, dann – ausführlicher, es handelt sich um ein rein amerikanisches Thema – wird das Warnsystem *Secures* vorgestellt: Knallt es irgendwo, dann melden an Strommasten installierte Sensoren den Schuss direkt an die Polizeizentrale. Bis auf zwei Yards genau ist diese neue Erfindung. Somit kann der Sheriff sofort reagieren. Das System wurde erfunden, weil Anrainer nicht mehr anrufen, sei es aus Angst, sei es aus Überdruss, sei es aus dem Gefühl heraus, dass sich sowieso nichts ändert.

Gestern las ich in der Zeitung einen Artikel mit der Überschrift: »Warum sind unsere Kinder so brutal?« Ein Bericht über Zehnjährige, die mit Freuden auf Mensch und Tier zielen. Hier ist die Antwort. Ich zappe durch alle Fernsehsender, die der Hotelbesitzer vom *Circus Circus* (»*family oriented*«) an diesem Sonntagnachmittag für seine Gäste zur Verfügung gestellt hat. Das geht so, erster Kanal: Ein Raketenspielzeug, das sogar explodieren kann, wird vorgestellt. Zweiter Kanal: Ein Footballtrainer spricht über das nächste Match seines Teams: »*We'll beat the hell out of them.*« Dritter Kanal: Interview mit einem wegen Körperverletzung verurteilten Football-Player: »*I keep punching.*« Vierter Kanal: Jemand bringt eine Pizza in die Garderobe einer Football-Crew. Fünfter Kanal: Pressekonferenz eines Polizeichefs: »*We had to transfer him to a high security prison.*« Sechster Kanal: ein Anlageberater: »*Your profits double.*« Siebter Kanal: Bilder vom Marathonlauf in New York. Achter Kanal: Eine Frau spricht zu einem Papagei: »*You naughty boy, come here.*« Der Papagei spricht zurück: »*Fuck you.*« Neunter Kanal: Zwei Frauen sprechen über Blumen-Umtopfen. Zehnter Kanal: ein Zeichentrickfilm, ein Großer zertrümmert gerade einen Kleinen, O-Ton: »*The world's greatest warrior, that's me.*« Elfter Kanal: Zeichentrickfilm, ein Vogel fliegt unter einem blauen Himmel. Zwölfter

Kanal: Eine Frau demonstriert Kickboxen: »*It's a lot of fun, go for it.*« Dreizehnter Kanal: Vorschau auf den Film *Air Force One*, eine Gerade auf das Kinn von Harrison Ford. Vierzehnter Kanal: *CNN's Business World News*. Der Sprecher: »*The Dow Jones ist roaring back.*«

238 Minuten, zwei Minuten weniger als vier Stunden, starren sie in diesem Land jeden Tag auf einen Fernseher. Für die Erwachsenen scheint es zu spät, für die Heranwachsenden ist es eine Katastrophe. Keine Geheimnisse entdecken zu dürfen, nicht die Liebe, nicht den Sex, nicht das behutsame Begreifen der Spielregeln des Lebens. Nie ein kinderleichtes Kinderleben haben. Keine Huckleberry-Finn-Streiche, kein Blindekuhspielen, keine Doktorspiele, kein Schussern und Murmeln. Alles schon *wissen*, da alles schon konsumiert: ein paar Tausend Abgeschlachtete, ein paar Tausend Vergewaltigte, ein paar Tausend Ficks, ein paar Tausend Flüche, ein paar Millionen Dialoge zwischen ein paar Hundert frisch gefönter Kretins. Alles Bilder von monumentaler Einsamkeit.

Fragt einer, warum die hiesigen Kinder so gewalttätig sind, so erinnert die Frage an eine andere Frage. Etwa die an einen Alkoholiker, der gerade eine Flasche Whisky konsumiert hat: »Mann, warum bist du so besoffen?«

Ich sehe mir selbst zu, sehe, was für ein trauriges Männchen ich abgebe, meine Lebenszeit killend, mit dem blöden Blick auf einen schwarzen Kasten, unbewusst auf etwas lauernd, was mich bewegen könnte, eine Stunde Leben dafür herzugeben. Abgesehen davon, dass mich nichts bewegt, fällt mir auf, dass diese Stellung – sitzender Mensch auf Couch vor Fernseher – die Missionarsstellung aller trägen Geschöpfe ist. So dröge und ideenlos, wie sie den Geschlechtsverkehr hinter sich bringen, so abwesend und bewusstlos verschleudern sie den Rest ihres Daseins.

Ein befreundeter Sufi aus Pakistan schrieb mir einmal eine orientalische Weisheit: »Neben der edlen Kunst, Dinge zu verrichten, gibt es die edle Kunst, Dinge unverrichtet zu lassen.« Das will ich endlich befolgen und schalte die »Ikone des Satans« aus. Diese drei präzisen Worte habe ich von einem orthodoxen Priester in Russland, den ich vor Jahren traf. Ich widerstehe der Versuchung, nach einem *college roommate* zu telefonieren, und unternehme für eine Stunde nichts, absolut nichts. Auch nicht lesen, auch nicht schreiben. Nichts tun, das sei, so der Sufi, als würdest du einen Fluss durchqueren, um den nachjagenden Hunden – sprich: dem nachjagenden Unglück – die Fährte abzuschneiden.

Der Heilspruch funktioniert auf wundersame Weise. Den ganzen restlichen Abend beschenkt mich Las Vegas. Während sie im nahen *New York Casino* einen elektrischen Stuhl installiert haben, um sich am Nachstellen einer Hinrichtung zu ergötzen, verpflichteten sie im *Circus Circus Hotel* den genialen Grigori Popowitsch. Atemberaubend, was er alles in die Luft wirft und dabei gleichzeitig – mit äußerster Leichtigkeit – vorführt, dass er ein Weltmeister-Jongleur ist. Wie ich Grigori und alle wie ihn – die nachfolgenden Seiltänzer, die Feuerfresser und Akrobaten – beneide. Weil sie jedem Freude machen und niemanden demütigen. Ein Vergnügen, das keiner missverstehen kann, das keiner erklären muss, das so umweglos Leichtsinn und Heiterkeit verbreitet.

Wie anders Schreiben. Da gibt es fast immer Verwundete. Weil so oft einer dagegen ist, sich bloßgestellt fühlt, weil Schreiben eben zurichtet und weh tut, das Messer zieht und mitten hinein in die Wunde fährt.

Das Glück lässt mich nicht los, auch nicht nach Grigori. In einen der Geldautomaten im Hotel schiebe ich meine Kreditkarte und bekomme tatsächlich Cash. Wenn auch erst über einen befremdlichen Umweg: »*Go to the closest cashier*« steht auf dem Voucher, den die Maschine ausspuckt. Also gehe ich die fünf Schritte zum nächsten Kassierer. Und der junge Mann hinter den Stahlstreben schiebt mir ein Stempelkissen hin, damit ich den rechten Daumen rausstrecke und meinen Fingerabdruck auf dem Empfangsformular hinterlasse. »*Where money walks, bullshit talks*«, stänkern die armen Schlucker. Aber dass sie hier davon ausgehen, dass ein Geldbesitzer das Alphabet nicht beherrscht, ist heftig.

Spät nach Mitternacht – die Stadt ist immer offen, das letzte Mal schloss sie (unter Protest) am Tag der Beerdigung von John F. Kennedy – kommen ein paar der schönsten Momente dieser Reise. Ich flaniere noch einmal über den Strip und stehe plötzlich vor der hellweiß getünchten *Candlelight Wedding Chapel*, einer der unzählig vielen schmucken Kapellen vor Ort. Las Vegas ist ein tiefreligiöser Fleck, hier verfügen sie über mehr Kirchen pro Einwohner als irgendwo sonst auf Gottes Erden. Als mich die Managerin Mrs. Lynette unter dem Hinweis anspricht, dass hier so außergewöhnliche Persönlichkeiten wie Barry White, Michael Caine und Patty Duke sich das Jawort zur christlichen Einehe gaben, dass sogar CBS und CNN vom Zauber im Kerzenschein-Kirchlein zeugten, beschließe ich kurzfristig, an der Narrenposse teilzunehmen: »Ja, ich würde hier auch gerne heiraten.«

Las Vegas bietet dafür alle Vorteile. Im Gegensatz zu den meisten anderen Bundesstaaten wird kein Bluttest verlangt, muss keine Wartezeit eingehalten werden. Ungetestet und sofort dürfen sie hier zum Altar. Sogar *interracial marriages* sind erlaubt. Wer im *Marriage Licence Bureau* der Stadtverwaltung 35 Dollar bar hinterlegt, darf antreten.

Wir besprechen umgehend alle Details. Lynette bemerkt meine helle Vorfreude. Klar, »meine Verlobte Dorothy wartet im Hotel auf mich und ich will sie mit einem *fait accompli* überraschen«. Natürlich entscheide ich mich für das *Deluxe*-Paket zu 419 Dollar, mit Ansteckblume für den Trauzeugen, einer Rosenkaskade auf die Brautleute, Riesenfotos, Video-Aufzeichnung, Live-Orgelmusik, einem Hochzeitsstrumpfhalter und, am unvergesslichsten, zwei T-Shirts. *Luxury transportation* in der »*Super Stretch Limo*« wäre extra zu bezahlen. Ich lasse mich nicht lumpen, ich buche alles, »Dorothy ist die Frau meines Lebens«.

Da ich mich als *business man* zu erkennen gebe, spielt Zeit natürlich eine Rolle. »Kein Problem«, beruhigt mich Lynette, »das schaffen wir in zehn Minuten.« Dann wird es schwierig, ich stottere verlegen, zuletzt lasse ich es unter leichten Schmerzen raus: »Verzeihen Sie die unpassende Frage: Aber wie sieht es mit der Scheidung aus?« Und Lynette, jetzt ganz *business woman*, weiß – ohne die Stimme einen Viertelton zu verändern, ohne mich mit einem entgeisterten Blick abzustrafen – die lässige Antwort: »Das geht noch schneller.« Nur müssten wir, Dorothy und ich, nachweisen, dass wir sechs Wochen in Las Vegas gelebt haben. Eine Formsache, ein freundlich bedachter Hotelportier könne das schriftlich bestätigen. Mit der fingierten Rechnung dann zum Anwalt (Lynette kennt die wichtigen Adressen), Blabla, Unterschrift, wieder blechen und geschieden. Bestens gelaunt verabschieden wir uns. »Bis morgen, Schlag Mitternacht.«

Als ich bereits im Bett liege, denke ich an Joe, den »Priester«, der für Lynette die Paare – christlich, unchristlich, wie auch immer – vermählt. Für vierzig Dollar die Trauung. Die Managerin meinte, es bestünde durchaus eine Chance, dass er heute Nacht noch vorbeikäme. Also renne ich noch einmal zurück, bin zu neugierig auf den *freelance*-Pfarrer. Und Joe – staatlich geprüft, frisch und gepflegt aussehend – ist da. Ich erzähle ihm, dass Dorothy meine Pläne hocherfreut begrüßt habe. Da sie aber aus einem sehr traditionsbewussten christlichen Elternhaus komme, hätte sie natürlich gern gewusst, worüber der Priester anlässlich der Trauung sprechen würde. Denn sie bestehe auf tadelloser Seriosität.

Und Joe kennt sein Metier. Mit sonorer Stimme klärt er mich auf: Normalerweise spreche er über einen Baum. Dieser Baum sei ein Symbol der Ehe. »Wie sie braucht er Raum, Respekt, Nahrung. So sollten die Eheleute einander Raum, Respekt und Nahrung geben.« Ich gratuliere Joe zu dieser ergreifenden Metapher, bitte ihn aber, noch etwas Feines über das heilige Sakrament der Ehe zu erwähnen. Gut wäre, wenn die Wendungen »für immer« und »bis dass der Tod euch scheidet« dabei vorkämen. Und der Las-Vegas-Theologe nickt kundig, er versteht die Sorgen der Menschen: »*Sure, no problem.*«

Ich bin schon beim Abdrehen, als mir die letzte Not von Dorothy einfällt: »Noch etwas, Joe, ein strenger Hinweis auf eheliche Treue, ist das machbar?« Und Joe, jetzt prachtvoll und souverän, ruft mir nach: »*Take it easy*, Treue kommt auch vor.«

SAN FRANCISCO

Kurz nach fünf Uhr morgens sitze ich im Taxi, Richtung Greyhound-Busbahnhof. Bei der Fahrt aus dem Hotelbunker komme ich noch einmal am *Bungee Tower* vorbei. Die nächtlichen Schreie derjenigen, die zum ersten Mal in die Tiefe springen, scheinen mir das Sinnlichste, was diese Stadt zu bieten hat. So ein Schrei der Erlösung, auch Erlösung von der eigenen Angst, klingt ergreifend.

Ein müder Verein im Bus. Still und kleinlaut. Wohl ein paar

von denen, die übers Wochenende nicht schnelle Millionäre wurden. Sie befinden sich jetzt auf dem Heimweg, zurück ins ganz normale Leben. Der Mensch neben mir riecht. Wahrscheinlich hat er die letzte Seife verspielt.

Aber das Land ist schön. Die leere Mojave-Wüste, der dunkelgelbe Himmel, wieder das leise Brummen des Motors, das uns wie ein zarter Singsang begleitet. Langsam verdrängt er das Geräusch von fünfzigtausend einarmigen Banditen und Spielautomaten, die für nichts anderes auf die Welt kamen, als an 365 Tagen im Jahr 24 Stunden lang Geld zu schlucken und auszuspucken.

Die angenehme Geschwindigkeit der Greyhound-Busse, auch sie besänftigt. Kein Vollgas-Bimbo sitzt am Steuer, kein stieres Rasen treibt den Fahrer, 55 Meilen gelten als Durchschnittsgeschwindigkeit. Da bleibt Zeit, die Dinge wahrzunehmen, an denen man vorbeizieht.

Im Januar 1957 kaufte die Transportgesellschaft einen frisch geborenen Windhundwelpen. Als Werbegag. Schon vier Monate später trat der Hund in der *Steve Allen Show* auf: als »Lady Greyhound«. Dass es das Busunternehmen nie zur Windgeschwindigkeit schaffte, dafür will man ewig dankbar sein. Der edel aussehende Windhund sollte eher Zuverlässigkeit, Kraft und Eleganz ausstrahlen.

Zehn Jahre hielt der Gag. Die Lady eröffnete – Bänder durchbeißend – immer wieder neue Haltestellen, ließ sich bei Wohltätigkeitsveranstaltungen zum *honorary dog* küren, reichte frisch Operierten die Pfote und war der Superstar der Weltausstellung von 1964 in New York.

Der Höhepunkt ihres Hundelebens kam jedoch, als eine 38 000 Mitglieder starke Organisation namens *SINA* – »*Society for Indecency to Naked Animals*« – die Nacktheit von Lady Greyhound und, noch verhängnisvoller, die Nacktheit jener Tausende von Hunden entdeckte, die auf den Seiten der Busse klebten. Fairerweise muss erwähnt werden, dass die Statuten von *SINA* nur dann in Kraft traten, wenn das unbekleidete Tier höher als zehn und länger als fünfzehn Zentimeter war. Sicher aus der keuschen, so logischen Überlegung heraus, dass bei solchen Größenverhältnissen die Geschlechtsteile unsichtbar blieben. Dass das Aufjaulen und Kläffen der 38 000 nicht zur Verhüllung der anstößigen Körpergegenden führte, sondern nachhaltig der Publicity von Greyhound diente, diese einfache Lehre des Kapitalismus begriffen die erregten Empörer erst hinterher.

Zwischenaufenthalt in Los Angeles. Ich kenne die Stadt und habe mir beim letzten Besuch geschworen, sie nur noch in Begleitung von zwei Erwachsenen zu betreten – einem Arzt und einem Psychiater. Um im Fall einer schlagartig auf mich niedergehenden Schwermut ausreichend versorgt zu werden. Also bleibe ich in der Nähe des Terminals, suche eine Cafeteria und finde den unvergleichlichen Tim Byrnes. Eine grausig lustige Stunde lang wird er mich unterhalten. Denn Tim war einst Leichenwäscher und ist gerade dabei umzusatteln. Erster Schritt: noch heute Nachmittag nach Phoenix zu fahren. Voller Verve erzählt er von seinen neuen Plänen.

Vor Wochen las er in der Zeitung, dass die Hauptstadt von Arizona eine beachtliche Summe bereitgestellt habe, um Leute zu engagieren, die sich um das Aufräumen von Tatorten – auf amerikanisch »*crime scene clean-up*« – kümmern. Das sei eine Art ambulantes Reinigungsunternehmen, das nach der Spurensicherung der Polizei am Ort des Verbrechens aufräumt, um die blutüberschwemmten Sofas, die nicht zur Täterfindung notwendigen Leichenteile, zertrümmerte Geschirrschränke und ein oder zwei oder drei weggeblasene Hirnschalen zusammenzuschaufeln. Dann schrubben und saugen. Sauber verpackt gehe es schließlich zu einer speziell dafür vorgesehenen Müllhalde zum Abladen und Verbrennen der Objekte.

Vielleicht, so Tim, könnte er da mitmachen. Wenn nicht, wird er sein eigenes Unternehmen gründen. Im Leichenanfassen kenne er sich aus und die Verdienstmöglichkeiten seien entschieden besser, bis zu 200 Dollar die Stunde. Er kramt den Artikel heraus, ich soll ihn lesen. Dass Amerika augenblicklich nicht mehr ganz so viele Erschossene, Erstochene und Gemeuchelte produziert wie in früheren Jahren, scheint ihn nicht zu beunruhigen. Er zitiert einen gewissen Mister Lagman, der bereits erfolgreich mit seiner Spezialausrüstung – Besen, Turbo-Staubsauger, Gummihandschuhe – von Blutbad zu Blutbad eilt: »Ich mache mir keine Sorgen. Das Geschäft boomt: Selbstmord, da liegen heute die Zuwachsraten.« Tapferer, unverwüstlicher Tim.

Noch fünf Stunden bis San Francisco. Wäre ich Diktator, würde ich sechzig Minuten Zwangsmeditation einführen. Und hinterher sechzig Minuten Zwangsarbeit, in der alle Beschallungsgeräte öffentlich zerhackt würden. Diese Notlösung kommt mir, als ich im Bus neben einem offensichtlich Gehörlosen sitze, dem sein Walkman einen Liedtext in die Ohren trümmert, der aus nur einer Zeile besteht und dessen Schlichtheit wohl jeden Mithörer dazu veranlassen würde, Sänger und Walkman-Besitzer eine warme Decke überzuwerfen. Damit dieser musikalische Rinderwahn zur Ruhe kommt. Dennoch, nach dem 53. Mal »*I can't see the light*« ziehe ich um. Ich spüre jetzt, dass mein erster menschenfreundlicher Reflex an Boden verliert und ich ein starkes Bedürfnis nach einer handlichen Kettensäge entwickle: um dem Rhinozeros und seinem Lieblingssänger die Stimmbänder durchzutrennen.

Käme jetzt eine Fee entlang und würde mir einen Wunsch erfüllen, ich würde um ein Remake betteln: nochmals einsteigen dürfen in Los Angeles und wieder neben einem landen mit einem Walkman. Aber diesmal würden wir, er und ich, einer anderen Stimme zuhören. Sagen wir, der Stimme von Gene Hackman. Und Gene würde – wie nebenbei – Bert Brechts *Erinnerung an Marie A.* aufsagen. Von mir aus auch auf englisch, und die Welt klänge dann für Augenblicke so:

It was a day in that blue month September
Silent beneath a plum tree's slender shade
I hold her there, my love so pale and silent
As if she were a dream that must not fade.
Above us in the shining summer heaven
There was a cloud my eyes dwelt long upon
It was quite white and very high above us
Then I looked up, and found that it had gone.

Da bisher keine Sprache erfunden wurde, in die man B. B.s Poesie betörend genug übersetzen könnte, um einen Vergleich mit dem Original auszuhalten, will ich noch die deutsche Fassung dieser ersten Strophe hinschreiben. Gleichzeitig will ich mir versprechen, sie immer dann aufzusagen, wenn ich von einer Kettensäge träume. Als eine Art Serum gegen flaches Atmen und die eigene Mordlust. Hier steht das Wunder:

An jenem Tag im blauen Mond September
Still unter einem jungen Pflaumenbaum
Da hielt ich sie, die stille bleiche Liebe
In meinem Arm wie einen holden schönen Traum.
Und über uns im schönen Sommerhimmel

War eine Wolke, die ich lange sah
Sie war sehr weiß und ungeheuer oben
Und als ich aufsah, war sie nimmer da.

Die Fee kommt nicht. Dafür kommt der letzte Zwischenstopp, San José. Es geht aufwärts. Das Rhinozeros und sein Walkman steigen aus. Und ich kaufe eine Zeitung und darf wieder lachen. Ein Artikel spricht über den aktuellen Besuch des chinesischen Präsidenten Jiang Zemin in den Staaten. Gestern war Jiang zu Besuch bei General Motors. Helle Aufregung, denn der Vorsitzende, John Smith Jr., führte den hohen Gast persönlich in die neueste Technologie ein. *High Tech*, die demnächst von der neuen GM-Produktionsanlage in Shanghai rollen soll.

Mister Smith und seine 220 000 Mitarbeiter wollen zeigen, dass sie wissen, wie es um China steht, dass sie begriffen haben, wo das chinesische Volk die Not am heftigsten drückt. So wird Jiang mit den Fundstücken eines atemberaubenden, menschennahen Erfindungsgeists konfrontiert. Geradezu lebenswichtig für die 1,3 Milliarden Chinesen mit 300 Millionen Arbeitslosen und einem monatlichen Durchschnittseinkommen von 52 Dollar scheint die Neuheit, auf die das Haus besonders stolz ist: Vergisst der chinesische Autobesitzer den Schlüssel im Wagen, dann kann er in Zukunft mit seinem Handy eine Nummer anwählen, um sich per Satellit die Autotür öffnen zu lassen. An der Antwort auf die Frage, was passiert, wenn er das Handy vergisst, wird fieberhaft gearbeitet.

Besonders prädestiniert für diese Genialität scheint der Standort Shanghai mit seiner weltrekordverdächtigen, in den Himmel hinauf und in die Erde hinein stinkenden Umweltverseuchung. Mit seiner Nanjing Lu, auf der bisweilen der Verkehr, der Fußgängerverkehr, zum Stillstand kommt. Und mit seiner Stadtverwaltung, die alle zwei Jahre 300 000 Jugendliche zusammentreibt, um sie in den weniger dicht besiedelten Westen des Landes zu expedieren. Damit sich Shanghai nicht irgendwann unter seinen 15 oder 18 Millionen Einwohnern zu Tode röchelt. Hoch leben die Herren Smith und Zemin: Solche Männer braucht das 21. Jahrhundert.

Mit San Francisco ist es wie mit den Victoriafällen. Oder dem *Golden Triangle*. Oder Lana Turner. Lauter Namen, die *romance* ausstrahlen, die bis zum Jüngsten Tag ein Zauber umgibt. Weil sie astronomisch viele Assoziationen auslösen. Assoziationen, an die man nicht denken kann, ohne zu träumen. Bleibt die Frage, ob sie die Phantasmen einlösen, mit denen sie uns kujonieren.

San Francisco jedenfalls hält Wort. Außerdem riecht es hier nach Intelligenz und zügig denkenden Köpfen. Von jenseits der Bay weht Berkeley herüber. Im ganz nahen Palo Alto steht die *Stanford University*, deren Rektor sich gerade ironisch darüber geäußert hat, dass der Campus nicht über genug Parkplätze für seine Nobelpreisträger verfügt. Und Steve Jobs erfand hier irgendwo in einer Hinterhofgarage seinen Macintosh, nach der Entdeckung des Rades die nächste große Errungenschaft. Und das hiesige Footballstadion nennen sie »*Cow Palace*«. Auch das ist geistreich.

Hier, in Frisco, soll Jack Kerouac in den sechziger Jahren, als die Stadt zum ersten Wallfahrtsort der *Beat Generation* avancierte, den eminenten Satz geschrieben haben: »*For life is holy and each moment is precious*«, das Leben ist heilig und jeder Augenblick kostbar.

Ich beginne zu wandern. Zufällig stieß ich vor Tagen auf einen Satz von Werner Herzog: »*Walking is virtue, tourism deadly sin.*« Ob nun Gehen gleich eine Tugend ist, weiß ich nicht. Gehen ist zuerst einmal ein Lustgefühl, gerade hier. San Francisco wird mich über Las Vegas hinwegtrösten. Beschenkt, ich bin ganz sicher, werde ich weiterziehen zum letzten Ziel dieser Reise.

Trotzdem fahre ich die ersten hundert Meter mit einem *national historic landmark*, den *cable cars*, von *downtown* hinauf zum steilen Russian Hill. Das Vergnügen wird verdoppelt, als der »*hintermann*« – er ist zugleich Stationsausrufer, Ticketverkäufer, Stadtführer und Bremser – den Waggon mitten auf der Strecke zum Stehen bringt und sich kurz entschuldigt. Denn dort am Eck gäbe es die beste Hühnersuppe. Und der Bremser geht seine Suppe einkaufen. Und keiner murrt, nicht das leiseste Widerwort ist hörbar, alle warten amüsiert, bis die Hühnersuppe an Bord ist und die Fahrt weitergehen kann.

Die Südspitze entlang, Jogger, Hunde, Turner, fünf Auf-dem-Kopf-Steher, ein Mensch mit drei aus seinem Rucksack lugenden Katzen, die Salzluft und das Geräusch schwebender Möwen. Blick auf Alcatraz – von spanisch »*alcatraces*«, Pelikane, die sich dort niederließen –, jenes Zuchthaus, das Justizminister Robert Kennedy 1962 schließen ließ: Wächter und Insassen übertrafen sich gegenseitig an Brutalität. Durch das Marina-Viertel schlendern, eine der am schönsten bebauten Gegenden Amerikas. Der meerfarbene Himmel beleuchtet die Jugendstilfassaden. So viel Schönheit macht toll, sie wirkt wie Rauschgift auf müde Nerven, sie euphorisiert die hungrigen Augen und löst ein unaufhaltsames Gefühl von Dankbarkeit aus.

Ich biege rechts ab auf die Golden Gate Bridge, will rüber zum anderen, dreitausend Meter entfernten Ende. Mit 27 000 Kilo Rot wird sie jedes Jahr gestrichen. Damit sie nicht rostet und golden aussieht, wenn die Pazifiksonne sie anstrahlt. Die beiden Stahltürme werfen dunkle Schatten auf die Wellen, der Wind braust, man wird blöd vor Glück. Verrücktes, absurdes Leben, die Brücke gilt als Lieblingsort für Selbstmörder.

Nach einer halben Stunde Fußmarsch schenkt mir der Teufel ein Wunder. Ein Unfall passiert, niemand verletzt, aber erfreulicherweise viel Blechschaden und Glassplitter. Als Folge ein Stau, Stillstand und ein dramatisches Absinken des Lärmpegels. Irgendwann sind die sechs Fahrspuren neben mir leer. Mutterseelenallein, nur begleitet vom brausenden Wind, erreiche ich das andere Ufer.

San Francisco ist hemmungslos großzügig zu mir. Am Vista Point, dem erfolgreichsten Blick zurück auf die Stadt, stehen zwei Freundinnen, bereit, sich per Selbstauslöser zu fotografieren. Aber die kleine Aktion verzögert sich, das Einrichten der Pose schafft Probleme. Zu voluminös sind Arme und Bauch, um sich, wie geplant, gegenseitig um die Schultern zu fassen. Ungeniert und voller Optimismus suchen sie nach einer Stellung, die sie eng verbunden und gemeinsam präsentiert. Ich bin ein schlechter Mensch und kann nach kurzer Schamfrist nichts mehr zurückhalten. Nach wenigen Sekunden lachen wir zu dritt, so schamlos und fröhlich, dass es eine Weile dauert, bis ich, zitternd vor Lust, imstande bin, die Olympus hochzuhalten, und – noch drei Schritte zurückweichend, um die beiden Damen endlich vollständig ins Bild zu bekommen – auslösen kann.

Einen langen Fußmarsch entfernt liegt der Golden Gate Park. Auch ein Mythos. Vor über hundert Jahren beschlossen die Stadtväter, sich tausend Hektar Schönheit zu genehmigen. So schön, so überwältigend schön wie der Bois de Boulogne in Paris sollten sie werden. Um nichts weniger größenwahnsinnig waren die Herren. Und sie gewannen die Wette. Jedem Europäer, der in Paris lebt, wird das Herz rasen, wenn er das zugeben muss. Knorrige Bäume, verwachsene Wege, stille Seen, sanfte Hügel, ein Eichhörnchen klettert mir am Hosenbein hoch, frisst tapfer aus meiner Rechten.

So einladend ist die Gegend, dass Jimi Hendrix, Janis Joplin und LSD-Guru Timothy Leary 1967 an diesem Ort – so will es die Märchengeschichte des Rock – den *Summer of Love* ausriefen. Wahr und mit unzähligen Seufzern der Wollust bewiesen ist die Tatsache, dass kein anderes Stück Wiese zwischen Atlantik und Pazifik existiert, auf dem mehr Sinnenrausch stattfand als hier, mehr bunte Hippies zum Schmusen und Lieben loslegten.

Lange her. Vielleicht ist der Park heute noch schöner, da noch älter. Die gutaussehenden Nackten sind verschwunden: Sie haben sich inzwischen für den Neoliberalismus umgezogen. Kein Börsenmakler legt sich mit seinem Versace-Anzug auf die Wiese. Eingezogen sind die verschorften Opfer der Gier, die *losers*, die *addicts*, die *homeless*. Die Verlierer, die Süchtigen, die Heimatlosen.

Trostlose Figuren, den gefalteten Karton unterm Arm oder – schon drei Grad weniger elend – unterwegs mit dem geklauten Einkaufswagen, randvoll mit fettfleckiger Wäsche, platten Dosen und leeren Flaschen, ihrem Einkommen. Manche so ramponiert, dass man bei jedem Huster ihr Skelett rumpeln hört. Sie huschen von Gebüsch zu Gebüsch, die passende Vorsichtsmaßnahme, denn gleichzeitig ist die Polizei unterwegs, um die Vernarbten und Verlausten einzufangen und fern vom Golden Gate Park wieder abzuladen.

Damit keiner entkommt, gehen die Razzien nachts weiter. Diesmal mit Hubschraubern, ausgerüstet mit Infrarot-Suchgeräten. Der Bürgermeister hat sogar eine Hotline einrichten lassen. Um den anständigen Bürgern das Denunzieren der Landstreicher zu erleichtern. Zur Extra-Telefonleitung kommt noch das Versprechen, jeden Denunzierten innerhalb von 24 Stunden aus dem schützenden Dickicht zu entfernen.

Summer of Love ist seit vielen Sommern vorbei. Vieles hat sich grundlegend geändert. Auch die Heroinpreise, heute niedriger denn je. Ich lerne Bruce kennen, der mich anpumpt, um seinen nächsten Schuss zu finanzieren. »Hier«, sagt er beiläufig, »nennen sie mich den Unsichtbaren.« Seit Jahren verkriecht er sich erfolgreich im Gestrüpp.

Bruce erweist sich als redselig, im Gegensatz zu manch anderem hier, den das Alleinsein blöd und mürrisch machte. Der Siebenundvierzigjährige, mit Warzen im Gesicht und Ekzemen am Körper, hat einen anstrengenden Lebenslauf hinter sich. Nicht ohne Stolz zieht er sein eineinhalb Meter langes Strafregister hervor, gut lesbar abgezeichnet vom Polizeichef in Albany, New York. Die Lektüre dieses Faxes ist nicht jugendfrei: »Erregung öffentlichen Ärgernisses, Betrügereien, Exhibitionismus, Autodiebstahl, illegaler Waffenbesitz, versuchter Einbruch, Raub, sofortige Strafrückfälligkeit nach Bewährungsstrafe.«

Auf den anderthalb Metern hat nur die eine Hälfte seines Lebens Platz, die entdeckte. Den Rest der Zeit war er als Zuhälter, Dealer und Mörder unterwegs. Er schwärmt noch heute von seiner Zeit in einem Obdachlosenheim in der Bowery, von wo aus er seine Operationen leitete. Er fühlte sich absolut sicher, kein Bulle wäre je auf die Idee gekommen, dass der abgerissene Typ auf Bett Nummer 43 in seinem Plastiksack zwei Kilo Dope lagerte: um seine *runners*, seine drei Laufburschen, mit dem Stoff auf die Straße zu schicken. Der Boss blieb auf der schmuddeligen Pritsche liegen. Er gehörte zu den seltenen Menschen, die Geld besitzen und keinen Wohlstand aushalten. Der Gedanke, dass Kies vorhanden war, genügte ihm. Er hätte nicht gewusst, wie man sich bewegt, wie man lebt in einer sicheren, sauberen Umgebung.

Aber Bruce beging die erste Todsünde, die ein Drogenhändler begehen kann: Er fing an, das Gift zu schlucken. Der Stress folterte ihn beharrlich, irgendwann brauchte er es. Und so kam für Stunden die Erlösung: »*If you do it, you are on easy street.*«

Den Mord beging er auf Bestellung. Eine Leiche wurde bestellt und Bruce lieferte sie. 500 Dollar stellte er in Rechnung, 250 vorab, 250 als Erfolgshonorar. Der Auftrag, sagt er, ließ ihn an seine Kindheit denken, als er als *booster* unterwegs war: Das sind begabte Ladendiebe, die mit dem Metermaß fremde Stereoanlagen und Fernseher ausmessen. Damit der Kunde das Modell bekommt, das in seine Wohnung passt. Bruce legte schon früh Wert auf Professionalität.

Sein Abstieg hat die übersichtlichsten Gründe. Er gab der Welt, was er bekommen hatte: Sein Vater verschwand, nur als vagen Schatten erinnert er sich an den bedrohlichen Alten. Die Mutter soff sich das Hirn tot. Die zwei Brüder begingen Selbstmord. Rechtzeitig, bevor auch sie der Alkohol ausgelöscht hätte. Unvergessen ihr morgendlicher Gang in die Küche: »*In the morning they opened up the fridge and got a cold one, before they took a piss.*«

Bruce, der Zwölfjährige, muss in ein Heim. Hier bekommt er den letzten Schliff. Läuse und Tuberkulose überfallen seinen Körper, bei einer Messerstecherei bleibt eine Klinge in seinem rechten Schulterblatt stecken. Er ist zäh, sein Leib erträgt alles, auch die ein oder zwei Dutzend Male, die sie, die Stärkeren, ihn gegen die Fliesen einer Dusche drängen, um seinen Kinderhintern umstandslos zu penetrieren. Mit siebzehn wird er entlassen, sein Beruf stand schon seit langer Zeit fest: »*I became a drifter*«, er driftet nach Süden, seine Karriere als Vollzeit-Krimineller beginnt.

Nichts wird ihn die restlichen dreißig Jahre behüten, nicht eine Liebe gelingt ihm: »Alle Frauen haben mich betrogen«, so muss er reden, um seine Niederlagen auszuhalten. Jetzt scheint sein Körper zu mürbe, zu verwundet, als dass er noch Zeit hätte, sich von den Abstürzen zu erholen. Auch seine kriminelle Energie – lange für jeden Frevel zu haben – erlosch. Im Gebüsch des Golden Gate Park wird er aller Voraussicht nach verenden: am Unglück, an kalten Zellenwänden, Drei-Dollar-Fusel, Lungenlöchern, fauler Leber und pausenloser Einsamkeit. Er weiß es genau, er sagt zum Abschied: »*And here I end up being nothing. I never intended to be just nothing. I just didn't make it.*«

Schon einzigartig, dieses Leben, das sie hier vorführen. Ein Dasein, bei dem sie jeden Tag mit dem Gedanken aufwachen, keinen Cent zu besitzen. Jeden Morgen gegen die Welt antreten zu müssen, das hat auch Stärke, etwas rabiat Schönes.

Ich gehe den weiten Weg zurück ins Zentrum der Stadt. Ich erfahre, dass auch Gutes über den Bürgermeister zu berichten ist. In der Zeitung steht, dass er den nächsten Samstag zum »*sweeping saturday*« erklärt hat. Jeder Einwohner soll sich an diesem Tag mit einem Besen bewaffnen und den Müll aus San Francisco wegkehren. Exzellenter Vorschlag, zuträglich zuerst den vielen blendend aussehenden Frauen, die sich in dieser Stadt herumtreiben. Schönheit verdient eine Umgehung, in der sie blühen kann. Nur ein Beispiel: Ich sehe eine Frau – noch leuchtender vom hellen Himmel über ihr – die blitzblanke O'Farrell Street überqueren und bilde mir ein, sie wäre nochmals um ein Lichtjahr schöner, da sie augenblicklich eine gepflegte Straße in San Francisco unter einem blauen San-Francisco-Himmel überquert.

Ich komme zur Greyhound-Station, will einen Platz buchen. Aber es gibt keinen Bus zu dem Ort, an den ich morgen früh möchte, nein, muss. Die fürchterliche Aussicht auf einen Leihwagen holt mich ein. Als ich das Gebäude verlasse, steht vor dem Ausgang »Reno« eine lange Menschenschlange. Eine eigene Buslinie wurde für diese hochkapitalistische Wüstenei eingerichtet, direkt an der Grenze zwischen Nevada und Kalifornien, sechs lange Autostunden von hier entfernt. Das alles, um vor einarmigen Banditen stehen und Knöpfe drücken zu dürfen. Eine Frau wartet im Rollstuhl auf die Abfahrt, ein Mann braucht ein dreifüßiges Aluminiumgestell für Schwerbehinderte, um nicht umzufallen. Noch auf Krücken nähern sie sich dem Dollar. Nichts, nur noch der nackte physische Tod kann ihre Jagd nach *money* bremsen.

Geld lässt mich träumen. Von stillen Büchern und geräuschlosen Gedanken. Ich erkundige mich und ein Mensch erzählt mir von einem Buchgeschäft. Ich spurte, es ist genau die richtige Adresse. Nirgendwo an der Pazifikküste liegen mehr Bücher auf einem Haufen als hier. Aber das Sensationellste wartet im ersten Stock: ein geschmackvoller *coffee shop*, wo man sich an einen robusten Tisch setzen kann und seine Drucksachen anschauen, durchblättern und lesen darf. Und Zeit hat zum Blickheben und Auskosten des Geschriebenen. Zum Losprusten vor Freude: so ertappt fühlt man sich von den Überlegungen des Autors, so präzis und jäh sieht man die eigenen noch nicht ins Bewusstsein gehobenen Gedanken vor sich aufgeschrieben. Hinzu kommt das vorbeiziehende Aroma des Kaffees. Wer schmökern, in Buchstaben versinken kann, kennt diesen nirwananächsten Zustand von wohliger Einsamkeit, an der das Gelärme der Welt weit entfernt vorbeizieht. Stanislaw Jerzy Lec wusste es so genau: »Sobald ich Papier sehe, fange ich Feuer.«

Als ich Nathan McCalls wütend geschriebene Autobiographie (»*Makes Me Wanna Holler*«) lese, einen langen Bericht über die unheilbare Zwietracht zwischen Weiß und Schwarz in seinem Land, überkommt mich eine heitere Erinnerung. Sie passt, denn sie taugt als Metapher, erklärt so sinnlich die Freuden und Schutzfunktionen des Lesens: Vor Jahren besuchte ich die Terminbörse in Chicago. Als Besucher stand man auf einer Galerie hinter dickem Glas, Lautsprecher übertrugen den Tumult der Gier. *Hedgers, traders, brokers, speculators* und *runners* – dieses

Wort haben die Börsianer, unter anderem, mit den Drogendealern gemeinsam – grölten durcheinander. Wie an jedem Tag ihres Lebens ging es um die Anhäufung von Geld.

Und dann geschah das Heitere: Die Lautsprecher fielen plötzlich aus, kein Ton drang mehr durch die dicken Scheiben. Stille. Nur die energischen, pausenlos nach mehr Dollars schreienden Münder und die energisch rudernden, ebenfalls um mehr Dollars ringenden Hände und Arme sah man – tonlos, aberwitzig, absurd –, ein grausames Bild, das an eine Horde Kretins erinnerte. Oder an gottverlassene Männer und Frauen in höchster Gefahr.

So ähnlich, bilde ich mir ein, ist Lesen. Die Kretins verstummen, für Stunden darf man sich von den grauen Herren zurückziehen, darf ausruhen, wird für Bruchteile seines Lebens nicht gepeitscht von den eiskalten Botschaften der *global idiots*.

Abends streune ich durch die Stadt, in den Südwesten, zur Castro Street, den »*gayest four corners of earth*«, dem fröhlichsten Homoviertel der Welt. Vor zehn Jahren – zu Zeiten des unaufhaltsam wütenden Aidsvirus – sah die Gegend trostlos aus. Am Straßenrand standen die schönsten Männer Amerikas und bettelten. Der Widerspruch zwischen ihren makellosen Körpern und den von Todesangst geschundenen Augen war bestürzend. Das politische Klima unter Reagan war finster. Einige Politiker riefen nach Quarantäne für die Dahinsiechenden. Die moralisch Hochgerüsteten unterm Christenvolk interpretierten mit konstant erigiertem Zeigefinger die Karzinombeulen als Strafe Gottes: »Arschficken ist des Teufels«, las ich damals auf den Postern jener gesattelten Esel.

Die Zeiten sind anders geworden. Inzwischen verdämmert Reagan an Alzheimer – für welche Todsünde hat sich der liebe Gott diese Krankheit ausgedacht? –, und Mister Ho und andere

Wissenschaftler haben Medikamente entdeckt, die dafür sorgen, dass auch Homosexuelle ziemlich lang am Leben bleiben dürfen.

Und die *queens* haben gelernt, die Todesrate sinkt kontinuierlich, ihr Lieblingswort heißt seit langem: *Safe Sex*. Ich blättere in den einschlägigen Magazinen und finde Anzeigen für gesunden Zeitvertreib. Oft wird als Sonderangebot die »Masturbations-Ringschaltung« – garantiert immunschwächefrei – angeboten. Das Inserat zeigt ein prachtvoll erigiertes Männerglied und eine Telefonnummer. Wer die wählt, darf – schon ab zehn Dollar, Kreditkarten willkommen – mitmasturbieren. Bis zu acht Onanisten heizen sich so gegenseitig per Ohrmuschel ein. Zuletzt ein erschöpftes Dankeschön und einhängen.

Es gibt die angenehme »Krankheit« – so nennen es die, die nicht darunter leiden – der »Erotolalie«: schon beim erotischen Lallen beflügelt werden. Ich leide gern darunter: Sex als Mittel begreifen, auch das Phantasieren, auch das Drauflosreden, um nicht als intellektueller Hirni zu enden, als sexloses Ungeheuer, unter dessen kürbisgroßem Kopf ein blaublasser Körper verkümmert.

Im Nordosten des Zentrums von Frisco liegt North Beach. Als ich um halb zwölf Uhr nachts dort ankomme, habe ich noch nichts versäumt. Hier herrscht Nachtarbeit. Aufruhr erregte der Szene-Stadtteil, als die 1953 gegründete *City Lights Publishing* Allen Ginsbergs wüstes, alle heiligen Kühe des Spießers niederreißendes Gedicht *Howl* veröffentlichte. »*Howl*« wie Heulen. Das war 1956 und ein Aufschrei fegte über das Land. FBI-Boss J. Edgar Hoover nannte die *Beat Generation* eine der drei bedrohlichsten Bevölkerungsgruppen in den USA. Das Werk wurde verboten und ein langwieriges Gerichtsverfahren folgte. Dennoch, das Unfassbare wurde Wirklichkeit. Allen Ginsberg, meistgehasster

Beatnik aller aufrechten Philister, gewann den Prozess, sein Geheul ging in die Weltliteratur ein.

Der Gründer von *City Lights Bookstore* und *Publishing* lebt noch immer. Der tapfere Lawrence Ferlinghetti ist heute 78 Jahre alt. Sein Freundeskreis, die Toten, wird immer größer. Vor Monaten starben Ginsberg und William Burroughs. »*It's been an awful year*«, sagt der Alte, als ich ihn darauf anspreche. Trotzdem, von seinen revolutionären Träumen will er – selbst ein veritabler Dichter – nicht lassen. Unbekümmert vom Zeitgeist, publiziert er Bücher, die zäh und impertinent diese Träume wachhalten.

Fünfzig Meter gegenüber von *City Lights* brennen andere Lichter, Columbus Avenue/Broadway gilt als Schmuddelecke. Kein raffinierter Rotlichtbezirk, aber sündig – das schon. Abgenudelte Sexobjekte – männlich, weiblich – stellen sich zum *one dollar peep* zur Verfügung. Um den potenziellen Kunden zum anschließenden GV für mehr als einen Dollar anzuspornen. »*Naked – Naughty – Nasty*«, so steht es draußen in blinkenden Großbuchstaben. Und so sind sie tatsächlich: nackt, dreist, eklig. Ich bin bedient. Nichts ist deprimierender als ein Dutzend pikierter Huren. Als ich frage, wo ich das Schmerzensgeld abholen könne, sollte ich mich zu einer geschlechtlichen Tätigkeit mit dem anwesenden Personal entschließen, werde ich streng hinausgebeten. Wie recht sie haben. Kalter Sex, dafür bin ich zu alt.

Verdrossen lande ich im Bett, Frustbeulen wuchern in meinem alleingelassenen Körper. Es dauert, bis er ermüdet. Um irgendwann wieder aufzuschrecken: In den letzten Momenten des Wachseins fällt mir ein, dass in ein paar Stunden mein letzter Reisetag beginnt. Was mir nochmals zwei Stunden Ruhe stiehlt. Denn morgen werde ich einen treffen, der mir einst das Leben rettete. Das ist kein dramatischer Satz, sondern eine bescheidene Bemerkung. Ich habe den Menschen nie persönlich gesehen.

Aber ich wüsste von keinem, der mehr dazu beigetragen hat, dass ich nicht abgestürzt bin. Wir alle suchen einen Sokrates. Er war der meine. Ein Amerikaner mit einer deutschen Großmutter, *too funny*.

BIG SUR

Um sieben Uhr früh sitze ich in einem Leihwagen. Er ist so hässlich neu und eckig, dass ich mich weigere, mir Modell und Hersteller zu merken. Aber kein öffentliches Fahrzeug bringt mich auf dem Highway One an mein Ziel, 155 Meilen von San Francisco entfernt. Jene Gegend an der kalifornischen Küste, die noch immer den englisch-spanischen Namen trägt: »*Big Sur*«, weiter Süden.

Nach dem siebzehnten Bremsen und Losfahren an einer Ampel weiß ich wieder, dass das Lenken eines Automobils zu den schwachsinnigsten Tätigkeiten des 20. Jahrhunderts gehört. Jenseits der Stadtgrenzen wird es weniger schwachsinnig. Ich bekomme intelligente Gesellschaft. Ein junger Kerl steht am Straßenrand und streckt den Daumen raus. Nachdem er mir versprochen hat, weder spitz geschliffene Gegenstände noch Feuerwaffen gegen mich einzusetzen, steigt Caelus, der Zwanzigjährige, zu. Mit Rucksack und schweren anarchistischen Gedanken. Nicht zu überhören: Caelus steht auf Kriegsfuß mit seinem Vaterland. Er trampt seit Jahren, verrichtet einfache Arbeiten, will sich nicht einkochen lassen von der »lauwarmen Pisse« einer bürgerlichen Existenz.

Der Blechkäfig hat ein Gutes, in der halben Meter dicken Knautschzone des Armaturenbretts befindet sich ein Radio. Ich finde *Making Contact*, ein Programm des *National Radio Project*, das scharfsichtig feinsten Journalismus anbietet. Thema heute: »*Banking on the Drug Trade*«.

Das Vertrauen in den Drogenhandel geht so: Raucht jemand Crack und trinkt gleichzeitig Bier, so produziert der Körper die Substanz Kokaäthylen, was das High intensiviert, die Euphorie steigert. Die Crackheads wissen das längst. Neu dagegen ist der Tatbestand, dass sich diese Erkenntnis inzwischen bei führenden Brauereibesitzern herumgesprochen hat, und die Bier-Bosse beschlossen, den Junkies auszuhelfen: Biersorten kamen auf den Markt, die diesen chemischen Prozess – die Entstehung von Kokaäthylen – noch verstärken, genauer, zwei Prozesse verstärken: die raschere physische Vernichtung der Kunden und das erfreulich rasche Ansteigen der Profite.

Damit das so blieb, arbeiteten die zuständigen Werbeabteilungen auf Hochtouren. Mit Rap, Gangsta Rap und direkten Anspielungen auf Ausdrücke aus der Crack-Terminologie wurde die anvisierte Klientel über die neuen Produkte informiert. Das funktionierte. Mit halber Lichtgeschwindigkeit kam die Message an.

Die Bilanz kann sich sehen lassen: Die Brauereien boomen, die Opfer kaufen, verblöden oder krepieren, die Banken sprechen von einem Rekordjahr. Dass sich auch eine Firma wie Nike skrupelfern der Musik der Jungen in den Ghettos bedient, um sie zum Kauf ihrer 200-Dollar-Gummischuhe zu überreden, auch das kommt in der Sendung zur Sprache: perfide kalkulierend, dass ein gehöriger Prozentsatz der Gummischuhfans über keine fünf rechtmäßig verdienten Dollar, wohl aber über ein paar Tausend Dollar *drug money* verfügt. »*There is no business like the neoliberalism business*«.

Aber den besseren Satz liefert Caelus, als er in Monterey aussteigt und mir als Unkostenbeitrag ein Bonmot von Martin Luther King aufschreibt: »Natürlich gibt es in unserem Land Sozialismus. Für die Reichen. Und Kapitalismus für die Armen.«

Hinter der Stadt führt die Straße in den Himmel. Himmel als Metapher für Ohnmachtsanfälle beim Anblick von so viel irdischem Schönsein: auf der Küstenstraße Big Sur entlang, unten der Pazifik und das heisere Bellen der Seehunde, oben die blau beleuchteten Felsenhügel der Santa Lucia Range. In einer schwungvollen Kurve, versteckt hinter dicken Bäumen, liegt die Adresse, nach der ich suche. Auf einem schlichten Schild steht: »*The Henry Miller Memorial Library*«.

Vor knapp fünfzehn Jahren war ich schon einmal hier. Per Anhalter und zu Fuß, mehr aus Neugier denn aus drängendem Bedürfnis. Emil White – über ihn hatte Miller geschrieben: »*He was a friend long ago before I met him and he will be one long after my death*« – leitete damals noch das Museum. Will man mit dem Schriftsteller nichts gemein haben, seine Fähigkeit, Freunde zu gewinnen und sie nicht zu verlieren, die will man ihm neiden.

Miller täuschte sich nicht. Bald nach seinem Tod im Juni 1980 ließ White – nur zehn Jahre jünger – das nach japanischen Richtlinien errichtete Holzhaus erbauen und stopfte es voll mit Aquarellen und Büchern seines Freundes. Jeder, der Miller verehrte, war willkommen.

White war clever, er dechiffrierte behände die Vorlieben eines jeden Besuchers. Für mich zog er hinterm Sofa eine Hutschachtel voller Fotos hervor. Die Fotos waren als Kunst belanglos, einfache Schwarzweißbilder, geknipst mit dem Blick des Liebhabers, nicht des Profis. Was erregte, waren die Objekte des Liebhabers: Bronzefarbene Göttinnen breitete White vor mir aus, Millers Geliebte, seine Geliebten, beider gemeinsame Geliebte, splitterfasernackt hingestreckt zwischen den Felsklippen von Big Sur. »*Look at the big tits*«, raunte White. Nach dem Satz mussten wir laut lachen. Als ob er einen Mann im Universum auf die großen, wahrlich runden, festen Brüste hinweisen müsste. Zuletzt folgte eine ganze Serie über »*the woman with the ass*«. Das Bild mit Whites Kopf daneben gilt heute als Liebhaberstück. Und Emil, der bereits Fünfundachtzigjährige und von der Parkinsonschen Krankheit Geschüttelte, deutete mit dem Finger auf die apfelrunden Backen: »Schau, so muss er aussehen, der Eingang ins Paradies.«

Berührender noch als die Hintern und Oberleiber der Schönen waren ihre Köpfe. Zusammen mit den Köpfen ihrer Freunde, die bisweilen ebenfalls auf den Fotos erschienen. So eine lodernde Lust am Leben strahlten sie aus, sowas verrückt Besessenes, so ein inbrünstiges Verlangen, keinen Augenblick zu versäumen. »Stell dir vor, noch mit sechsundsiebzig hat Henry eingefädelt«, kommentierte Emil meine Hintergedanken. Sie hatten sich versprochen, sich gegenseitig über »das letzte Mal« auf dem Laufenden zu halten.

Die zwei Männer stimmten zusammen. White wächst Anfang des Jahrhunderts in Wien auf, steht als Sechzehnjähriger und gescheiterter Revolutionär vor einem Erschießungskommando in Budapest, kann sich mit ein paar Schilling freikaufen, flieht Austrofaschismus und Militärdienst, kommt nach Amerika, nimmt jeden Job, auch in Alaska, wird zwanzig Jahre später Millers lebenslanger Freund. »*Friendship is something beyond love*«, hatte der Berühmtere einmal geschrieben. Die Lust auf Schönheit, sei es die Schönheit der Sprache, der Welt oder ihrer Bewohnerinnen, die trieb die beiden zueinander.

Bei unserem Abschied war mir klar, dass ich den Alten nicht wiedertreffen würde. Zu stark musste ich seinen rechten Arm umklammern: damit er mir, heftig bebend, eine Widmung in ein Buch kritzeln konnte. Drei Jahre später starb er. Inzwischen hatte ich noch eine andere Definition einer Männerfreundschaft gelesen. Sie stammt aus einem Drehbuch des französischen Szenaristen Michel Audiard und sie hätte den beiden gepasst: »... Spätnachts ruft A seinen Freund B an, außer Atem spricht er in die Muschel: ›Ich habe jemanden umgebracht.‹ Und B, ruhig, gefasst: ›Wo ist die Leiche?‹ ...«

Die Anmut dieses Ortes in einer schattigen Kurve des Highway One hat keiner vertrieben. Mächtige Redwoods beschützen die *Memorial Library* wie eh vor den modernen Zeiten. Das Grün der Wiese stimmt auch noch. Das japanische Holzhaus überlebt noch immer ohne Garagenanbau. Und eine Stiftung sorgt nun für den leichten Gang der Dinge. Neben dem Verkauf von Millers Büchern, den Büchern über ihn und dem Drucken eines Newsletters werden hier Lesungen und Ausstellungen veranstaltet. Augenblicklich steht eine Harley Davidson mit zwei Kloschüsseln als Sitze im Gras. Die Idee des Künstlers scheint begnadet: Nach *banking, shopping, eating, petting, fornicating, watching TV* und *going to the movies* braucht sich der Durchschnitts-Johnny auch zur Verrichtung seiner Notdurft nicht mehr vom Lederpolster zu erheben. Er defäkiert vor Ort.

Im Internet hat die Stiftung unter »www.henrymiller.org« – *org* wie *orgasm*, wie ein Witzbold vermutete – einen *chatroom* eingerichtet. Damit übererhitzte Fans wissen, wo sie unzensiert den schwersten Druck ablassen können.

Ruhige Geschäfte, zwei schmale Peruaner fingern durch die Bücher, Bienen summen, Pinien wanken sacht, das schonende Geräusch eines Mobiles weht herüber. Wer einen *quarter* in ein Sparschwein wirft, darf sich aus einer Thermosflasche mit Kaffee bedienen und nur dasein. Ich sitze draußen auf der Holzveranda und heule. Ein banaler physischer Vorgang, auf den ich nicht stolz bin und dessen ich mich nicht schäme. Er hat wohl mit der seit Jahren eintreffenden Erkenntnis zu tun, dass ich dem 1891 in Manhattan geborenen Schriftsteller, dessen Großmutter noch Müller hieß, einiges verdanke.

Wandern die einen ins Irrenhaus, werfen die nächsten sich vor einem Guru auf die Knie, schmeißen die Unheilbareren sich in den Aufzugsschacht des Empire State Building und schleudern die Haltlosesten durch die Abgründe ihrer Herointrips, so hatte ich mehr Glück. Und fand in einem Bücherhaufen am Rand der Mahatma Gandhi Road im indischen Poona eine eselsohrverstümmelte Ausgabe des *Tropic of Cancer* von Henry Miller.

Es war ein böser Nachmittag. Es ging mir nicht gut, eine Woche Dengue-Schüttelfrost lag hinter mir, mein Kopf strudelte, Indien deprimierte mich. Irgendwas, so flehte ich seit Monaten, musste doch existieren, um mich zu erlösen. Erlösen vom Gewicht der eigenen Schwerkraft. Ein Gebet, eine Musik, eine Droge, eine Gnade, eine Meditation, eine Frau, ein Licht, irgendetwas, was mich weichspülte. So trottete ich, in Selbstmitleid vergraben, die M. G. Road entlang. Bis ich mich zur Seite hechten sah, weil ein Autofahrer, so schien es, mich von diesen Überlegungen erlösen wollte. So landete ich neben dem Bücherhaufen, direkt neben Henry Miller. Erst Jahre später begriff ich, dass Henry mich nicht vor meinen Abstürzen bewahrte. Dass er mir aber beim Nachlesen seines Lebens beibrachte, dass es ein Mittel gab, um nach den Abstürzen nicht liegenzubleiben, sondern bereit zu sein für die nächsten Bauchlandungen: Schreiben eben.

Wendekreis des Krebses, das Buch fällt unter das Betäubungsmittelgesetz. Schon der Titel riecht verführerisch nach Unheil und Erlösung. Der Krebs, welch ein Symbol. Ein Wesen, das sich in alle Richtungen bewegen kann, zu Wasser und zu Lande, vorwärts, rückwärts, links, rechts. Und zugleich trägt es den Namen einer mörderischen Krankheit. Und diese Krankheit ist wiederum Ausdruck einer in ihrer Sehnsucht verkrüppelten Zivilisation, Sehnsucht nach Delirium und Fieber, nach Schwindel und Gelächter, nach Vögeln und Umarmen, nach Taumel und der Weisheit des Leibes.

Dass der Exilamerikaner, der 1930 für ein knappes Jahrzehnt nach Paris zog, die Hälfte aller Einwohnerinnen von Clichy anpimperte, war unter Lachkrämpfen zu lesen und zu genießen. Und schnell vergessen. Was blieb von der Lektüre des Buches – unübersehbar mit dem Hirn und dem Schwanz geschrieben –, war die Sprache. Sätze, die wie Lavabrocken auf den Leser hagelten. Da stand es: dass einer mit Hilfe von virtuos hintereinander aufgestellten Buchstaben davonkommen konnte. Dass Sprache für alle Gottlosen als Religion taugte, als Urschrei-Therapie, als Schleudersitz und Flammenwerfer.

Ein zweites blieb, nach der Entdeckung der Sprache als Heilkraut gegen die Hungerödeme der Seele: Millers halsbrecherische Lust am Leben, seine penetranten Aufrufe, sich den Masturbanten des Profits zu verweigern, nicht zuzuhören den jugendgefährdenden Predigern der Frührente, nicht zu vertrauen den Verrätern des Diesseits, die boshaft auf alle Leichtigkeit spucken.

Millers Bücher besaßen so vieles, wonach wir damals so notwendig, so notwendend verlangten. Mit dem Presslufthammer hatte es Henry – Henry, der Elektrisierer und Einreißer – aufgeschrieben: Hingabe an dieses eine Leben, Mut zur Angst, Neugier auf alles. Und das Forderndste: Bereitschaft für die Wunden, die dunklen Tage und Nächte, die das Einklagen persönlicher Freiheit forderte.

Er, der sich erst mit neunundachtzig zum Sterben bereit erklärt hatte, hinterließ ein unschätzbares, gefährliches Erbe. Eben den Wert des schieren, Tabus verlachenden Lebens, eben eine Moral des Starkseins und Gefährlichlebens, die Moral einer Existenz auf Teufel komm raus.

Ich kenne alle Wohnorte Millers. Natürlich die Nummer 4, Avenue Anatole France in Clichy, einem Vorort von Paris. Ein Nachbar, der rührige Monsieur Jouffroy Renault, zeigte mir die Stelle, wo das Häuschen stand, in dem der Amerikaner mit seinem Freund, dem österreichischen Journalisten Alfred Perlès, lebte. Und waren die Tage still in Clichy, dann nur, weil die beiden nachts umso heftiger um die Wette vögelten. Am Tag der klanglosen Veröffentlichung seines *Tropic of Cancer* zog der weiterhin bankrotte Schriftsteller in den Süden von Paris, in die Privatstraße »Villa Seurat«. Die Bewohner des Anwesens hätte ich standrechtlich auspeitschen können, so fad und ohne Eifer erinnerten sie sich an die Tatsache, dass hier einmal ein schreibender Hüne zu Hause war.

Als ich in New York lebte, lief ich durch die Straßen Brooklyns, um letzte Spuren zu sichern. In der Driggs Avenue 662 – der Adresse, wo Henry fast die ganzen ersten neun Jahre über mit seinen Eltern lebte – wurde ich für alle Ignoranten entschädigt. Die Besitzer Denny T. und Nancy W. – beide Maler – zogen mich hinein, vier Stunden reichten uns nicht, um uns alles über die Vormieter zu erzählen. Ich musste jeden Winkel inspizieren, die Holzstiegen hinauf, mich an den berühmtesten Fensterplatz New Yorks setzen: da, wo der Sechsjährige auf den Fillmore Place blickte und von den Geheimnissen der Straße zu träumen begann.

Zwangsernährt mit polnischen Wurst-Sandwiches, dunkelblau vom Glück und einer halben Flasche Campari, taumelte ich spätnachts hinaus. Breitbeinig ging ich durch zertrümmerte Viertel zurück nach Manhattan. Keiner konnte mir beikommen, ich hatte gerade geweihte Erde verlassen, ich leuchtete.

Dieser Abend diente als Vorschuss. Die restlichen Aufenthaltsorte Millers waren rasiert, auch der Lampenpfahl, an den er sich lehnte, um in der Devoe Street auf die gegenüberliegende Hauswand zu starren. Dahinter wohnte Cora Seward, seine erste Liebe. Hundsgemein platonisch, denn Henry strahlte erst als *late bloomer*, als einer, der spät blüht: mit seinen Talenten, bestaussehende Frauen zu versuchen und ein paar Tausend Seiten Papier mit Feuer und Schwert zu bedecken. Wie folgerichtig, keine seiner ehemaligen Behausungen steht unter Denkmalschutz. Schon verständlich, wenn das redliche Bürgervolk nicht an einen erinnert werden will, der ihre Tugenden abschaffen wollte.

Am Occampo Drive 444 in Pacific Palisades, nahe Los Angeles, kam ich auch einmal vorbei. Hier lebte er zuletzt. Seit sechs Jahren war er tot. Und wären es sechzig gewesen, es hätte nicht weniger überrascht. »*Henry Miller? Who's this guy? A musician?*« Zwei Straßen weiter wusste niemand von seiner Adresse. Da könnte Goethe im Erdgeschoss wohnen, sie würden ihn souverän übersehen. Ich musste den Chefredakteur der Lokalzeitung anrufen, um ans Archiv verwiesen zu werden und Millers Adresse zu erfahren.

Tumbe Spießer hatten das Haus inzwischen in Besitz genommen. Ein einstöckiges Anwesen, an dessen Frontfenster der Vorbesitzer einmal »*Nirvana Needed*« gepinselt hatte und in dessen Wohnzimmer er mit den schönen Nackten der Umgebung Pingpong spielte. Und nicht Henrys Rennrad – lange zuvor von einem deutschen Sechstagefahrer erworben – stand vor der Tür, sondern anderthalb Tonnen Blech, die drei heiligsten Kühe der jetzigen Bewohner. Nirgends der Geruch von Papier, von Büchern, von Wissen, von berstenden Lachkrämpfen. Nicht hundert Dollar für eine handtellergroße Plakette hatte die Gemeinde investiert, um eines Mannes zu gedenken, den Schreiber wie

T. S. Elliot, George Orwell, Ernst Jünger, Raymond Queneau und Samuel Beckett als literarischen Leuchtturm feierten.

Dieser Nachmittag war nicht verloren. Gegenüber von 444 wohnte eine gewisse Mrs Gibbons, eine herzenswarme, leidenschaftliche Nicht-Leserin, die mich zum Tee einlud und nichts verschwieg: »*I hated his books, but he was a lovely man.*« Eines Tages backte sie für den »Pornographen« einen Kuchen. Und Henry, unermüdlich bereit für eine seiner haltlosen Übertreibungen, bedankte sich, *all smiles*: »*You know, nobody in my life ever made a cake for me.*«

Ich sitze noch immer auf der Holzveranda der *Memorial Library*. Die wichtigste Adresse steht noch aus. Sie anzuschauen befriedigt zwei Sehnsüchte: einmal mehr von der Schönheit dieses Erdteils zu erfahren. Und ein letztes Mal da entlangzuschleichen, wo der Meister ein paar seiner Meilensteine – wie ›*The Rosy Crucifixion*‹: ›*Sexus*‹, ›*Nexus*‹, ›*Plexus*‹ – niedergelegt hat.

Ich fahre mit dem Wagen noch einige Meilen weiter nach Süden. Bis zu einer Stelle, wo rechts neben der Straße das Meer und 22 Briefkästen stehen, mit aufgemalten Sonnen und so verwegenen Namen wie »*Laughing Willows*«, Freudenweiden. Links vom Highway führt die Partington Ridge, eine steile enge Bergstraße, hinauf. »*Private Drive*« und »*No Trespassing*« warnen den ungebetenen Besucher. Als ich ankomme, wartet gerade ein Vater in einem seltsam dreirädrigen Vehikel auf seinen Sohn, der jeden Augenblick mit dem Schulbus ankommen muss. Als ich frage, warum er sich hierher verzogen hat, sagt der freundliche Mensch den furchtbaren Satz: »*Why? Because it's not yet polluted by humanity.*« Eine halbe Stunde später werde ich wissen, dass das nur die eine Hälfte der Wahrheit ist. Als für unheilbar erklärter Millerfan darf ich passieren.

Ich kenne den Weg. Als ich zum ersten Mal hier ankam, wanderte ich zu Fuß hinauf. Zu oft hatte ich ein Foto vom Haus des Schriftstellers gesehen, um es zu verfehlen: aus Holz, beschattet von Bäumen, hoch oben und mit einem *one million dollar view* auf den Pazifik und das Ende der Welt. Er kaufte die geräumige Blockhütte mit Garten im Februar 1947, als er – sechsundfünfzigjährig – anfing, von seinen Büchern zu leben. Nicht ohne vorher in einer aufgelassenen Sträflingsbaracke, ebenfalls in Big Sur, gehaust zu haben. Sechzehn Jahre verbrachte er hier. Und erst als Zweiundsiebzigjähriger zog er nach Pacific Palisades, zurück auf die Erde, er war der herausfordernden Mühsal dieses Ortes nicht mehr gewachsen.

Bugger – »Nasenpopel« –, ein schwarzer, dicker, wütender Hund empfing mich damals. Erst zwei Minuten später kam Valentine, Millers Tochter, an die Tür. »Nur wen der Hund nicht abschreckt«, sagte sie, »darf rein.« Ich verstehe, eine Mutprobe als Liebesbeweis für den Vater.

Natürlich war ich nicht der erste Idiot, der sie heimsuchte. Zehn Minuten gab sie mir, um beim Hinsetzen auf das Sofa, das in Millers Arbeitszimmer stand, nicht in Ohnmacht zu fallen. Das war noch original, der Rest bestand schon aus der Einrichtung von Valentines Bruder Tony, mit dem sie das Haus teilte. Ich durfte auch kurz an der Stelle im Garten verweilen, wo der Meister gewöhnlich auf die Knie fiel, um den Göttern zu danken: für das so unverdiente Glück, nicht in einer amerikanischen Stadt leben zu müssen. Mit einem Apfel von einem Miller-Apfelbaum schickte Valentine mich weg.

Als ich heute wiederkomme, ist alles anders. Das Haus gehört jetzt einem Physik-Professor, der in Princeton unterrichtet. Ein stiller, respektabler Herr, wie ich erfahre. Ich läute, obwohl ich weiß, dass er nicht da ist. Bugger ist tot, und die Millerkinder – zu nichts Sensationellem begabt und schon zu lange von den Tantiemen ihres Vaters verwöhnt – sind ins nahe Carmel ausgewandert. Henry, sonst bis zum Selbstruin großzügig, hier war er geizig: Alle Feuer, alle Lust am Rausch hat er mitgenommen. Das Leben von Tony und Valentine, beide über fünfzig, hat Platz auf dem Millimeterpapier. Barbara, eine Tochter aus erster Ehe, heute achtzig, schlug ebenfalls den Weg allen bürgerlichen Fleisches ein.

Ich gehe hundert Meter weiter, bis ans Ende der schmalen Straße. Die Gegend zählt noch immer zu den schönsten im Universum. Bis ich einen Mann näher kommen sehe. Gleich werde ich wissen, dass er Joe heißt und dass ich wünschte, ich wäre ihm nie begegnet. Joe hat das gutgeschnittene Gesicht eines Erwachsenen, der seit einem Vierteljahrhundert in Big Sur lebt und sich jeden Sommermorgen um vier Uhr früh ins Gras setzt, um hinauszuschauen. Er arbeitet als Allround-Handwerker, repariert alles in den weit verstreuten, märchenstill versteckten Häusern von Big Sur. Und Joe kennt eine grausame Geschichte mit dem Titel »*Zoning*«.

Das ist ein englisches Wort, das sich komplikationslos ins Deutsche übersetzen lässt: in Zonen einteilen. Das heißt konkret: Der Gemeinderat von Monterey, wo die lokalen Rädelsführer aus Politik und Wirtschaft versammelt sind, hat sich vor kurzem wieder einmal getroffen, um das noch verfügbare Land in *residential areas* und – am allerwichtigsten – in *commercial areas* aufzuteilen. Die Folge: Kommt Joes Antrag auf Revision – der *Memorial Library Trust* unterstützt ihn dabei – nicht durch, werden hier in Bälde die ersten *cottages* stehen, Ferienhäuser, später Hotels, zuletzt wird ein *Mickey Mouse Park* grell und schrill einen hochmotorigen *paradise ride* anbieten. Platz soll gemacht werden für diejenigen, die Miller mit *Miller Light Beer* verwechseln.

Das Umwerfendste: Die Anwohner sind mehrheitlich dafür. Massentourismus muss her, zu lange hat das Paradies zu wenig Geld abgeworfen. »*Money overrules everything*«, sagt Joe. »Könnten sie beim Ausheben ihres eigenen Friedhofs Geld machen, sie würden zupacken.« Silicon Valley liegt nahe. Es dem *largest cash exportation place on the planet* nachzumachen, eine solche Lust scheint drängender als alles andere. Diese Zielstrebigkeit, die Schönheit der Welt in den Abgrund reißen zu wollen, das muss ein hartnäckiges, unverwüstliches Gen sein.

Miller wusste es von Anfang an: So viele taugen nicht zur Freiheit, zur Einsicht. Die Freiheit, zwischen fünfundzwanzig Hamburger-Sorten zu wählen und sich die Haare lila färben zu dürfen, interessierte ihn nicht. Wie sein deutscher Lieblingsschriftsteller Hermann Hesse notierte er oft das Wort »*Eigensinn*«, Eigen-Sinn. Selbst die vielen, die ihn – jung und hungrig – einmal besaßen, besaßen ihn nur kurzzeitig, um später als umso trägere und komfortsüchtigere *couch potatoes* wiedergeboren zu werden.

Der Mainstream kocht alle ein. Von ein paar hunderttausend Idioten – wie dem Handwerker Joe und dem Maler Bob Nash, einst Freund und noch immer Nachbar von Millers ehemaligem Zuhause – einmal abgesehen.

Schon vor langer Zeit hatten Millers geistige Vorfahren – wie Emerson und Thoreau – es drucken lassen: Die überwältigende Mehrheit der Amerikaner ist friedlich. Schon in frühen Jahren hingestreckt vom Sirenengeheul des Dollars, vom *Big Easy*, tief beruhigt von der Aussicht, dass überall riesige Bauwerke voller Nahrungsmittel und King-size-Betten herumstehen, dass nie ein Tag droht, an dem einer fasten muss oder nicht fernsehen darf: sich zügig von der Sehnsucht nach einem billigen Leben erledigen lässt.

»Weißt du«, notierte Miller in einem Brief an einen Freund, »wofür die Arbeiter in ihren Fabriken bezahlt werden? Für ihre Arbeit, wirst du antworten. Aber nein, für ihr Schweigen.«

Nie verstand ich seine Bücher anders als einen Aufschrei gegen das so mühelose Verraten unserer Träume. Fühlte sie als Herzmassage, als Gegengift gegen die Verdummungsseuche der geschmeidigen Einluller, als Einstiegsdroge in andere Gedankenwelten, als Schutzimpfung gegen die lauwarme Pisse (*thanks, Caelus!*) der Lebensmüden. »*Stay hungry*«, das war eines der zehn Millerschen Gebote. Und ihn hungerte. Nach allem, was zwischen Gott und dem Vögeln Platz hatte. Seine ozeanische Wissensgier verlangte nach keiner Pause. Seine Anziehungskraft wuchs, je borstiger und frecher er sich von den Entwürfen eines dösigen Daseins losschrieb.

Herzlicher Abschied von Joe. Ich finde einen Platz, wo ich beide im Auge habe, Millers schweigsames Haus und den unbeweglich hingestreckten Pazifik. Es musste so kommen, immerhin eines darf ich mit dem Meister teilen – das Talent zum *pleurnicheur*, zum Flenner. Dabei habe ich den Eindruck, ein harmloser Verehrer zu sein. Einmal erwähnte Miller einen Briefschreiber, der ihn bat, ihm testamentarisch seinen Zebedäus zu überlassen. Zum Anschauen und Anbeten. So fordernd, so verzweifelt war ich nie. Aber bei dieser Außentemperatur, bei diesem Licht, bei so viel Nähe zu einem Aufsässigen und den Wundern der Welt würden ganz andere einknicken. Wie kein zweiter Schriftsteller verbreitete der Amerikaner bei seinen skrupellosesten Lesern das verheerend schöne Gefühl, am Leben zu sein. Seine Bücher funktionierten als Aphrodisiakum: zum Anheben der Freude, zur zeitweiligen Aufhebung der Erdanziehung, zum Gehen über Wasser. Und als Lügendetektor: beim Auffinden der Schleichwege, auf denen wir uns von unseren Kinderträumen verabschiedet haben.

Sein schmalstes Buch habe ich hierhin, zweihundert Meter über den Meeresspiegel, mitgenommen: *Das Lächeln am Fuße der Leiter*. Ich kenne es seit vierundzwanzig Jahren und habe es noch immer nicht verstanden. Eine Passage in der Mitte der kaum siebzig Seiten scheint mir am herausforderndsten. Längst kenne ich sie auswendig. »… Du selbst zu sein, nur du selbst, ist eine große Sache. Aber wie macht man das, wie bringt man das fertig? Das ist der schwerste Trick von allen. Das Schwerste, weil es keinerlei Anstrengung von dir verlangt. Du versuchst weder dies zu sein noch das, weder groß noch klein, nicht tüchtig und nicht ungeschickt. Kannst du mir folgen? Du tust, was dir gerade einfällt. Aber mit Anstand, bien entendu! Denn nichts ist unwichtig. Nichts!«